T0194637

REALIEN ZUR LITERATUR
ABT. B:
LITERATURWISSENSCHAFTLICHE METHODENLEHRE

ALFRED BEHRMANN

Einführung in die Analyse von Prosatexten

5., neubearbeitete und erweiterte
Auflage

ERSCHIENEN IM DREIHUNDERTSTEN JAHR DER

J. B. METZLERSCHEN VERLAGSBUCHHANDLUNG

STUTTGART

1. Aufl. (1.–4. Tsd): 1967
2. Aufl. (5.–14. Tsd): 1968
3. Aufl. (15.–20. Tsd): 1971
4. Aufl. (21.–25. Tsd): 1975
5. Aufl. (26.–30. Tsd): 1982

CIP-Kurztitelaufnahme der Deutschen Bibliothek

Behrmann, Alfred:
Einführung in die Analyse von Prosatexten /
Alfred Behrmann. – 5., neubearb. u. erw. Aufl.,
(26.–30. Tsd.). – Stuttgart: Metzler, 1982
  (Sammlung Metzler; M 59: Abt. B, Literaturwiss.
  Methodenlehre)
  ISBN 978-3-476-15059-2
NE: GT

ISBN 978-3-476-15059-2
ISBN 978-3-476-04143-2 (eBook)
DOI 10.1007/978-3-476-04143-2

M 59

© Springer-Verlag GmbH Deutschland 1982
Ursprünglich erschienen bei J. B. Metzlersche Verlagsbuchhandlung
und der Carl Ernst Poeschel Verlag GmbH in Stuttgart 1967/1982

Die Notwendigkeit einer Einführung in die Arbeitsweisen der Philologie wird seit einiger Zeit immer lebhafter empfunden. Am Germanischen Seminar der Freien Universität Berlin hat dies zur Einrichtung von Übungen im Rahmen des Grundstudiums geführt, die auch Übungen zur Textanalyse umfassen. Bei den textanalytischen Übungen, die an *Prosa* durchgeführt wurden, hat sich gezeigt, wie begrüßenswert es wäre, durch ein kleines Buch dem Anfänger die erste Orientierung zu erleichtern oder, in mancher Hinsicht, überhaupt zu ermöglichen. Dies ist die Absicht der vorliegenden Schrift. Sie ist aus praktischer Erfahrung mit den Schwierigkeiten von Anfängern erwachsen und berücksichtigt diese Schwierigkeiten in ihrem Aufbau und in ihrer Form.

Für den Titel ist mit Bedacht das Wort *Analyse* gewählt. Analyse ist weniger als Interpretation und bezeichnet genauer, worum es hier geht. Text heißt das Gewebte, Analyse das Auflösen. Das Auflösen des Gewebes gibt mir Einblick in die Faktur, in die Beschaffenheit des Materials und die Art der Verknüpfung. Bevor ich erkläre und deute, muß ich erkennen. Das Erkennen vollzieht sich beim Lesen. Wie ich also lesen muß, um gewisse Erscheinungen zu bemerken, die mir Aufschluß über die Strukturen des Textes versprechen, was für Erscheinungen das sind, wo sie sich zeigen, wie ich sie fasse, beschreibe, verwerte – das zu wissen, ist die Grundlage, auf der sich die Deutung erhebt.

Aufgabe ist also zunächst, auf das im Text an Gliederung und Beziehungen Enthaltene aufmerksam, gewissermaßen scharfäugig zu machen. Ist im Umgang mit Texten die erforderliche Behutsamkeit herausgebildet, so bahnt sich der Übergang zur Interpretation, die weitere Zusammenhänge erschließt, mitunter schon an. Daß etwa alles zum Verständnis eines Textes Notwendige ausschließlich dem Text selbst zu entnehmen sei, wird niemand erwarten. Schon das Erfordernis, Realien zu klären oder auf die Konvention einer Gattung zu verweisen, macht deutlich, warum nicht. Nur liegt es nahe, bei einer Einführung in die *Analyse* von Texten zunächst mit dem zu beginnen, was der jeweilige Text an Auskunft über sich selbst enthält.

Zur zweiten Auflage

Dank dem Entgegenkommen des Verlags konnten die Kapitel ›Satzbau‹ und ›Rhetorik‹ jeweils um den dritten, das Kapitel ›Vergleich‹ um den zweiten Abschnitt erweitert werden.

1968   A. B.

Zur vierten Auflage

Der Umfang dieser Einführung ist wiederum, diesmal um das Kapitel ›Drei Beispiele der kurzen Form‹ und den Abschnitt über die Anekdote in dem Kapitel ›Vergleich‹, erweitert. Dies ist insofern eine wichtige Ergänzung, als damit die Zahl der geschlossenen Texte, die jeweils eine Gattung repräsentieren, vermehrt werden konnte.

Den Hinweis auf die Textbeispiele des neuen Abschnitts verdanke ich meinem Kollegen Lothar Markschies.

1975   A. B.

Zur fünften Auflage

Wesentlich erweitert ist die Einleitung, die nun ausführlicher auf die Erkenntnisproblematik der Literaturwissenschaft eingeht und dabei auch die Rolle linguistischer und struktураler Verfahren berührt. Neu gefaßt – ergänzt und aktualisiert – sind auch die Literaturhinweise.

Die beigefügte deutsche Fassung fremdsprachiger Zitate nach der jeweils mit dem Original zusammen angeführten Quelle. Wo keine Quelle vorlag, ist die Übersetzung von mir.

1982   A. B.

INHALT

B BÖSCHENSTEIN, RENATE: Idylle. Stuttgart: Metzler 1967. (Sammlung Metzler. 63.)

G GROTHE, HEINZ: Anekdote. Stuttgart: Metzler 1971. (Sammlung Metzler. 101.)

L LAUSBERG, HEINRICH: Elemente der literarischen Rhetorik. Eine Einführung für Studierende der klassischen, romanischen, englischen u. deutschen Philologie. 5. Aufl. München: Hueber 1976.

L:F LEIBFRIED, ERWIN: Fabel. Stuttgart: Metzler, 3., durchges. und ergänzte Aufl. 1976. (Sammlung Metzler. 66.)

Die Ziffer hinter der Sigle bezeichnet die Seite, bei Lausberg den Paragraphen.

Bei Fachausdrücken (erläutert in Sachregister B) ist zur weiteren Orientierung, jeweils im Text, auf die entsprechenden Paragraphen von HEINRICH LAUSBERGS »Elemente der literarischen Rhetorik« verwiesen.

Philologische Erkenntnis

Die Tradition einer Lehre vom Textverständnis

> *Das vollkommne Verstehen einer Rede oder Schrift*
> *ist eine Kunstleistung, und erheischt eine Kunstlehre*
> *oder Technik, welche wir durch den Ausdruck Her-*
> *meneutik bezeichnen.*
>
> FRIEDRICH SCHLEIERMACHER[1]

Grundlage und eigentlicher Gegenstand der Literaturwissenschaft sind die Texte. Die Untersuchung der Texte mit der ‚Liebe zum Wort' des Dichters (Philologie) ist die erste Aufgabe, vor die sich der Anfänger bei seiner wissenschaftlichen Beschäftigung mit Literatur gestellt sieht. Was HÖLDERLIN in den Anmerkungen zum »Oedipus« an der griechischen Dichtung bewunderte, war die „Zuverlässigkeit", die μηχανη (mēchanē) oder das „kalkulable Gesez". Die Dichtungen seien „bis izt", so schrieb er, „mehr nach Eindrüken beurtheilt worden, die sie machen, als nach ihrem gesezlichen Kalkul und sonstiger Verfahrungsart, wodurch das Schöne hervorgebracht wird"[2]. Darum aber geht es, und diese Aufgabe ist schwierig.

HÖLDERLINS Forderung eines strengen anstelle eines impressionistischen Umgangs mit Dichtung zielt auf die Ausbildung „eine[r] ästhetisch fundierte[n] Philologie (bzw. eine[r] philologisch verfahrende[n] Ästhetik)"[3]. Die Anmerkungen zum »Oedipus« erschienen 1804. 1829 trug der Theologe FRIEDRICH SCHLEIERMACHER in zwei Plenarsitzungen der Preußischen Akademie der Wissenschaften seine Untersuchung »Ueber den Begriff der Hermeneutik, mit Bezug auf F. A. Wolfs Andeutungen und Asts Lehrbuch«[4] vor. Sie – und einige weitere Arbeiten des Gelehrten – sind der Beitrag des Deutschen Idealismus zur Geschichte der Hermeneutik, der „Kunstlehre der Auslegung von Schriftdenkmalen" (DILTHEY[5]).

Ihren Beginn hat diese Lehre im Altertum bei den Kommentatoren HOMERS und der klassischen Dichter in Athen und Alexandrien, in der Neuzeit bei LUTHER, MELANCHTHON und FLACIUS, die die scholastische Hermeneutik durch eine neue, im Zeichen des Humanismus entwickelte hermeneutica sacra ersetzten, um zu beweisen, daß die Bibel aus sich heraus verständlich sei und nicht, wie behauptet wurde, als dunkel und widersprüchlich hinter die Tradition zurücktreten müsse, die gleichsam als Orakeldeutung das Verständnis besorgte.

Wie die Auslegung der Heiligen Schrift gehorcht die Rechtsaus-
legung Bedingungen, wie sie nicht in gleicher Weise bei der Auslegung philosophischer oder literarischer Werke bestehen. Dies hat
zur Folge, daß besondere Hermeneutiken entstehen – theologi-
sche, juristische, (alt-)philologische –, denen aber Versuche zu
einer allgemeinen Hermeneutik immer wieder an die Seite treten
oder folgen. Man findet den Unterschied in den Titeln der beiden
wichtigsten hermeneutischen Werke der deutschen Aufklärung.
JOHANN MARTIN CHLADENIUS nennt sein 1742 in Leipzig erschienenes Buch »Einleitung zur richtigen Auslegung vernünfftiger
Reden und Schrifften«[6]. Er schließt also die übervernünftigen
Reden und Schriften der Offenbarung als Gegenstand einer beson-
deren Hermeneutik, der theologischen, aus. GEORG FRIEDRICH
MEIER dagegen nennt sein 15 Jahre später in Halle erschienenes
Werk »Versuch einer allgemeinen Auslegungskunst«[7]. JOHANN
AUGUST ERNESTI wiederum beschränkt sich, wie der Titel seines
Buches zeigt, auf die Auslegung im Rahmen der Theologie: »Insti-
tutio Interpretis Novi Testamenti« (Leipzig 1761)[8]. In unseren
Tagen trat der italienische Rechtshistoriker EMILIO BETTI mit einer
»Teoria generale della interpretazione« (1955)[9] hervor, die er später
unter dem Titel »Allgemeine Auslegungslehre als Methodik der
Geisteswissenschaften« (1967)[10] ins Deutsche übertrug. Wichtig ist
auch die Arbeit des Philosophen HANS-GEORG GADAMER über
»Wahrheit und Methode. Grundzüge einer philosophischen Hermeneutik« (1960)[11].

Es kann nicht Aufgabe dieser Einleitung sein, eine Geschichte
der Hermeneutik von der Antike oder von FLACIUS bis in die
Gegenwart auch nur im Abriß zu geben. Doch ist es nötig, auf
einige grundsätzliche Schwierigkeiten einzugehen, die beim Verständnis literarischer Werke auftreten und deren Lösung in hermeneutischen Schriften versucht wird. Denn wie elementar die Arbeit
auch sein mag, in die hier einzuführen ist: die Natur philologischer
Tätigkeit schließt aus, daß ein Vorhof abgegrenzt wird, in dem
gewisse Schwierigkeiten, wie sie Gegenstand hermeneutischen
Nachdenkens sind, nicht immer schon aufuÄten. (Daß das hier
Frörtorte für die folgenden Analysen nicht stets von gleichem
Belang ist, läßt sich angesichts der Bedeutung, die ihm grundsätzlich für die Arbeit des Verstehens und Auslegens zukommt, vertreten.)

Ehe das Verständnis bis zum „geseßlichen Kalkul [...], wodurch
das Schöne hervorgebracht wird", also bis zum Kunstcharakter
eines Werkes vordringt, sieht es sich oft von Hindernissen schlich-
terer Art gehemmt. Sie können mit der Überlieferung eines Textes

zusammenhängen, die lückenhaft oder unsicher ist. Selbst wenn man von den Schwierigkeiten absieht, die dem Verstehenden aus der fremden Sprache eines Textes, etwa eines archaischen, erwachsen, ist häufig Scharfsinn, sind vergleichende Untersuchungen, bisweilen auch Mutmaßungen nötig, um den Sinn einer dunklen oder verderbten Stelle zu erhellen. Schon zu entscheiden, ob eine Stelle dunkel oder verderbt ist, also des Kommentars oder der Emendation bedarf, setzt historische Kenntnis voraus, Kenntnis der sprachlichen Entstehungsbedingungen des betreffenden Werks und seiner Überlieferungsgeschichte.

Das sprachliche Altern von Texten, jener des HOMER z. B., gab den ersten Anlaß für philologische Tätigkeit in der Antike. Den Griechen des perikleischen Zeitalters, mehr noch den Lesern in hellenistischer Zeit war manches an der Sprache der »Ilias«, der »Odyssee«, der homerischen Hymnen nicht mehr verständlich. Das führte zu Fehlern und Unstimmigkeiten beim Abschreiben der Texte. Im Hellenismus kam erschwerend die Unsicherheit über Aspiration, Wortbetonung und Vokalquantität hinzu, was als Abhilfe die Einführung diakritischer Zeichen, der Akzente, bewirkte. Das erste, vordringliche Bemühen der Philologen galt also dem zuverlässigen Text.

Den Text verstehen heißt zunächst seinen Wortlaut verstehen. Wo dieses Verständnis von selbst nicht eintritt, bedarf es des Kommentars. Ein veraltetes Wort wird durch ein gebräuchliches von gleicher oder entsprechender Bedeutung erklärt, eine Realie, auf die sich der Text bezieht, erläutert. Die alexandrinische Philologie war aber mehr als eine „auf intimes Textverständnis gegründete Kunst [der] Textrezension"; sie war zugleich eine Kunst der „höhere[n] Kritik, Auslegung und Wertbestimmung"[12].

Die Intention des Verfassers als Ziel des Verstehens

> *Whenever meaning is attached to a sequence of words it is impossible to escape an author. [...] meaning requires a meaner**.
>
> E. D. HIRSCH[13]

Sinn und Bedeutung

Diese Tätigkeiten mit ihren unterschiedlichen Anforderungen und Zielen sind deutlich auseinanderzuhalten. Denn trotz der „Unabtrennbarkeit von Auffassen und Wertgeben", die DILTHEY

---

* Man kommt also nicht um einen Autor herum, wenn man einer Wortfolge irgendeine Bedeutung zulegt. [...] kein Sinn ohne Sinngeber.

bemerkte[14], kann ihre undurchschaute Verschmelzung das Verstehen behindern oder scheitern lassen. Verstehen und Beurteilen, so sehr sie zusammengehören, indem das zweite das erste voraussetzt, sind nicht dasselbe, weshalb es wichtig ist, den Verstehensakt als ,Sinnfinden' vom Wertungsakt als ,Bedeutungserteilen' in der Vorstellung wie in der Benennung zu sondern.

WALTER BENJAMIN spricht von Kommentar, der sich auf den Sachgehalt, und Kritik, die sich auf den Wahrheitsgehalt eines Werkes bezieht, E. D. HIRSCH von Verständnis (understanding), Auslegung (interpretation), Beurteilung (judgment) und Kritik (criticism) als Tätigkeiten verschiedner Funktion. Schon bei ERNESTI findet sich die Unterscheidung in subtilitas intelligendi, die beim Textverständnis, und subtilitas interpretandi, die bei der Auslegung zu fordern seien.[15] Freilich ragt das eine oft, als Vorbedingung, derart in das andre hinein, daß es fast schon zu dessen Bestandteil gerät. So bestimmt sich für BENJAMIN das Verhältnis von Kritik und Kommentar nach einem „Grundgesetz" der Literatur, „demzufolge der Wahrheitsgehalt eines Werkes, je bedeutender es ist, desto unscheinbarer und inniger an seinen Sachgehalt gebunden ist". Mehr und mehr werde für den späteren Kritiker beim Deuten gerade jener Werke, deren Wahrheit am tiefsten ihrem Sachgehalt eingesenkt sei, die Deutung dieses Sachgehalts zur Vorbedingung.[16]

Aus methodischen Gründen – gerade auch im Hinblick auf die Arbeit, in die hier eingeführt werden soll – ist eine Sonderung unter den verschiednen philologischen Tätigkeiten bedeutsam: die zwischen dem Verstehen des Textes als eines so von seinem Autor Intendierten (des Sinns) und aller weitergehenden Tätigkeit, die zusammenfassend als Interpretation bezeichnet werden mag. HIRSCH bemerkt dazu: "All understanding is necessarily and by nature intrinsic, all interpretation necessarily transient and historical."[17] "Understanding is silent, interpretation extremely garrulous."[18]* Seine Unterscheidung von Sinn (meaning) und Bedeutung (significance) scheint mir von größter Wichtigkeit. Sinn ist das, was der Autor verwirklichen wollte und somit was als das von ihm Gemeinte zu ermitteln ist, in der Sprache der Rhetorik: die voluntas auctoris, der „Wirk-Wille" des Verfassers; Bedeutung, was der Aufnehmende jeweils an Sinnhaftigkeit für sich oder andre im Text entdeckt.

---

* „Jedes Verständnis ist notwendigerweise und von Natur aus zum Wesen des Textes gehörig, jede Interpretation ist notwendigerweise etwas Flüchtiges und Historisches." „Das Verständnis ist still, die Interpretation äußerst beredt."

Verfasserabsicht und Textbefund

Hiermit sind zwei Aspekte berührt, die in jeder Verstehenslehre bedeutenden Raum einnehmen: die Erkennbarkeit der voluntas auctoris und, damit zusammenhängend, das Verhältnis von beabsichtigtem und tatsächlich im Text verwirklichtem Sinn. Es ist möglich, daß der Wortlaut eines Textes ein andres Verständnis zuläßt, vielleicht sogar nahelegt, als das vom Autor beabsichtigte. So schreibt CHLADENIUS: „Es solte zwar an sich einerley seyn, eine Rede oder Schrifft vollkommen verstehen, und denjenigen, der da redet oder schreibt, vollkommen verstehen. [...] Allein weil die Menschen nicht alles übersehen können, so können ihre Worte, Reden und Schrifften etwas bedeuten, was sie selbst nicht willens gewesen zu reden oder zu schreiben: und folglich kan man, indem man ihre Schrifften zu verstehen sucht, Dinge, und zwar mit Grund dabey gedencken, die denen Verfassern nicht in Sinn kommen sind."[19] Auch das Gegenteil – daß der Leser ein Gemeintes übersieht – kann eintreten, weil „Stellen bald mehr, bald weniger fruchtbar bey dem Leser sind [d.h. fähig, Gedanken in ihm zu wecken], als sie dem Verfasser zu seyn geschienen haben"[20]. Es fragt sich nun, ob im ersten Fall das Verstehen demjenigen folgen soll, was als Absicht des Autors zu vermuten ist, oder dem, was als ‚Fruchtbarstes‘, Sinnträchtigstes in den Worten, die er geschrieben hat, gefunden werden kann.

Eine vielbeachtete Antwort entscheidet zugunsten des Textes: "Never trust the artist. Trust the tale."[21]* Sie zielt auf Fälle, in denen das Werk sich gleichsam von der bewußten Absicht des Autors gelöst und verselbständigt hat. Schon HAMANN bemerkte, daß „Schriftsteller nicht schreiben, was sie wollen noch weniger was sie sollen, sondern was sich schreiben läßt"[22]. Man mag dergleichen als den Sonderfall auktorialen Versagens betrachten. Doch kann sich das Vorziehen des Textes vor der Absicht des Verfassers auf Zeugen berufen, die die Herrschaft des Schreibenden über die sprachliche Materie mit Entschiedenheit forderten. VALÉRY erklärte, seine Verse hätten den Sinn, den man ihnen gebe[23], und ELIOT, der Autor sei kein besserer Ausleger seiner Werke als der Leser[24]. Solche Ansicht beruft sich u.a. auf die Erfahrung, wonach ein Autor selbst sein Werk zu verschiednen Zeiten verschieden versteht. Damit ist die Möglichkeit eingeräumt, den Autor auch besser zu verstehn, als er sich selbst verstanden hat, wie es KANT im Hinblick auf PLATON erklärte.

---

* „Trau nie dem Künstler. Trau der Erzählung."

5

HIRSCH bestreitet, daß sich hieraus die Forderung ableiten lasse, etwas andres zu ermitteln als die voluntas auctoris. Zum wechselnden Verständnis des Werks durch den Autor bemerkt er, das Sich-Wandelnde sei nicht der Sinn, sondern die Bedeutung: das, was dem Autor als späterem Leser von Fall zu Fall daran wichtig erscheint. Schon AST hatte betont, daß nicht der „Sinn" ein mehrfacher sei, sondern das „Verständnis"[25]. Hier liegt also, nach HIRSCH, ein Scheinargument vor, das auf Verwechslung beruht. Ähnlich bei KANT. Wenn nämlich KANT erklärt, wir hätten deutlichere Begriffe als PLATON, so sagt er damit, daß wir die Sache besser verstünden, von welcher PLATON spricht, nicht aber die Meinung, die er davon hatte. Als weiterer Grund für mögliches Besserverstehen wird genannt, daß ein Leser mit wacherem Bewußtsein den Worten eines Autors folgen kann als mit dem sie dieser schrieb. Der Einwand dagegen lautet: Was der Leser hier besser versteht, ist nicht, was der Autor schrieb, sondern was er hätte schreiben sollen: nicht der Sinn, den er mit seinen Worten verwirklicht hat, sondern den er mit anderen hätte verwirklichen sollen. Hier setzt sich an die Stelle der verstehenden Tätigkeit unvermerkt die kritische. Wiederum liegt eine Verwechslung vor.

Ein Besserverstehen des Autors vermöge eines höheren Grades von Bewußtsein behauptet schließlich DILTHEY, wenn er davon spricht, daß „die Idee einer Dichtung [...] (nicht als abstrakter Gedanke, aber) im Sinne eines unbewußten Zusammenhangs, der in der Organisation des Werkes wirksam ist und aus dessen innerer Form verstanden wird," dem Dichter nicht zentral und auch nie ganz bewußt sei, aber vom Ausleger herausgehoben werden könne, was „vielleicht der höchste Triumph der Hermeneutik" sei.[26] Hier fragt sich, ob nicht eher von Anders- als von Besserverstehen zu sprechen wäre, insofern das Herausheben der „Idee" aus dem „Sinn" ein Filterungsvorgang bleibt, der zwar berechtigt und sogar gefordert ist, doch demjenigen, der ihn vollzieht, kein besseres Verständnis als das des Autors erbringt. Denn ein besseres wäre zugleich ein umfassenderes, eins, das mehr reduktionsresistente Züge umgreift, als beim Herausschälen der Werk-„Idee" erhalten bleiben. Dies scheint GADAMER zu meinen, wenn er schreibt: „Verstehen ist in Wahrheit kein Besserverstehen, weder im Sinne des sachlichen Besserwissens durch deutlichere Begriffe, noch im Sinne der grundsätzlichen Überlegenheit, die das Bewußte über das Unbewußte der Produktion besitzt. Es genügt zu sagen, daß man *anders* versteht, *wenn man überhaupt versteht.*"[27]

Es empfiehlt sich demnach, für den Akt des Verstehens bei der voluntas auctoris als Ziel zu bleiben. Daß sie und nichts anderes zu ermitteln sei, postuliert schon CHLADENIUS: „Indem man [...] die Absicht [des Autors] nicht überschreitet, aber auch nichts übersiehet, so verstehet man den Verfasser vollkommen."[28] Dies ist, was HIRSCH als Sinnverständnis (understanding) bezeichnet. Es setzt voraus, daß sich Autor und Leser in der gemeinten Sache begegnen, wobei der „Sehe-Punckt" des Autors schon für die ältere Hermeneutik ein anderer sein kann als der des Lesers: der gewöhnliche Fall bei entsprechendem historischen Abstand. Die Möglichkeit eines angemeßnen Verständnisses trotz des hereinspielenden individuellen Moments beruht bei CHLADENIUS auf seiner Einteilung des „vollkommenen Verstands" in einen unmittelbaren und einen mittelbaren, von denen der unmittelbare dem Einfluß der Subjektivität und Historizität des Verstehenden entzogen bleibt. „Es ist", faßt PETER SZONDI zusammen, „gleichsam der feststehende Teil, in dem die Absicht des Autors und das Verstehen des Lesers koinzidieren, umgeben von anderen, beweglichen Teilen, die sei's in der Vorstellungswelt des Autors, sei's in jener des Lesers auftauchen, bei dem einen wie bei dem anderen zum Verstand der Sache gehörig, ohne daß verbürgt wäre, daß sie bei Autor und Leser identisch sind."[29] Aus der Einsicht, daß der „Sehe-Punckt" die Erkenntnis einer Sache mitbedingt, folgt also für CHLADENIUS nicht, daß diese selbst, wie sie wirklich ist, nicht erkannt werden könne. Wie SZONDI bemerkt, wird dies durch den Umstand erleichtert, daß sein Denken über Literatur vom Konzept der imitatio naturae geprägt ist, das ja tatsächlich den größten Teil der Weltliteratur beherrscht. Wir dagegen kennen den Fall, der seit hundert Jahren, nämlich seit dem Aufkommen hermetischer Dichtung zu beobachten ist, daß die Sachen, die der Darstellung im Werk wie ihrer Aufnahme durch den Leser einen Halt bieten können, der Dichtung nicht mehr vorgegeben, sondern von ihr erst erzeugt, wenn nicht gar identisch mit ihr sind. Diese Erfahrung dürfte schwerlich aus unsrer Betrachtung auch älterer Werke herauszuhalten sein.

Wirk-Wille und Sinnprofil statt logischer Absicht und ausgedrückter Idee

Die Dichtung des französischen Symbolismus – und nach ihr moderne Dichtung weithin – bedient sich einer Sprache, deren Präzision in anderem liegt als der Eindeutigkeit, mit der sie als Bezeichnendes (signans) auf ein Äußeres, von ihr Unabhängiges (signatum) verweist. Schon bei SHAKESPEARE finden sich zahlreiche Beispiele für gewollte Ambiguität, darunter solche, die eine Entscheidung über das vorwiegend Gemeinte bewußt erschweren oder verhindern.[30] In neuerer Dichtung, etwa bei MALLARMÉ, wird das Operieren mit Vieldeutigkeit zum literarischen Prinzip, so daß die Ermittlung eines ‚originären‘ signatum nicht nur unmöglich, sondern auch sachfremd und sinnlos wird. SZONDI zitiert den Satz VALÉRYS: »C'est une erreur contraire à la nature de la poésie, et qui lui serait même mortelle, que de prétendre qu'à tout poème correspond un sens véritable, unique, et conforme ou identique à quelque pensée de l'auteur.«[31]* Der Autor setzt also auf die Fähigkeit des Wortes, einen Reichtum an Sinnbezügen heraufzuführen, der es verwehrt, sein Verständnis allein in der logischen Absicht (pensée) des Dichters zu suchen.

E. D. HIRSCH wird diesem Umstand in seinem sonst so abgewogenen Buch über »Validity in Interpretation« nicht gerecht. Er blendet das Problem der modernen Lyrik einfach aus, indem er schreibt: "It is proper to demand of authors that they show consideration for their readers, that they use their linguistic inheritance with some regard for the generality of men and not just for a chosen few."[32]** Dennoch gibt es zwischen ihm und PETER SZONDI, der in seiner Studie »Über philologische Erkenntnis« die gleiche Thematik mit besonderem Hinblick auf hermetische Lyrik behandelt, einen Vereinigungspunkt. Beide bestreiten die Folgerung, die verschiedentlich aus dem Tatbestand der objektiven Mehrdeutigkeit gezogen worden ist: „wenn nicht ›eindeutig gemeint‹, dann ›beliebig ausdeutbar‹"[33].

Auch wo der Autor bewußt die Bindungen lockert, die der Sprache als rationalem Verständigungsmittel natürlich sind, um magische, musikalische, inkantatorische Wirkungen auszulösen, tritt er als Verwirklicher einer präzisen Sinn-Intention nicht ab. Unmöglich wird das Auffinden einer logisch eindeutigen Aussage, nicht aber des „Wirk-Willens", der den Autor veranlaßt, diese und keine andern Wörter zu wählen und sie so und nicht anders zu

---

* „Es wäre ein Irrtum, der dem Wesen der Poesie widerspräche und für sie sogar tödlich sein könnte, zu behaupten, daß jedem Gedicht ein wirklicher, einmaliger und einem bestimmten Gedanken des Autors konformer oder identischer Sinn entspricht."

** „Es ist richtig, von Autoren zu verlangen, sie sollten Rücksicht auf ihre Leser nehmen, sollten ihr sprachliches Erbe mit etwas mehr Rücksicht auf die Allgemeinheit benützen, nicht nur für einige Erwählte."

stellen. Es ist sinnvoll, auch hierfür den alten rhetorischen Schulausdruck beizubehalten und von voluntas auctoris zu sprechen.

Was immer die Schwierigkeiten sein mögen, die dem Verständnis entgegenwirken: zu ermitteln, sagt HIRSCH – nicht anders als CHLADENIUS oder MEIER –, ist die voluntas auctoris. Schon aus praktischen Gründen sei es ratsam, als Sinn eines Textes den Sinn zu verstehn, den der Autor bezweckte. Andernfalls werde der Autor als Meinender ab- und ein andrer statt dessen eingesetzt: der Leser. Denn der Text an sich, als Aneinanderreihung sprachlicher Zeichen, erzeuge durchaus keinen Sinn. Sinn sei eine Sache des Bewußtseins, nicht der Worte. Eine Wortfolge gewinne erst dadurch Sinn, daß jemand mit ihr etwas meint oder sie als etwas versteht. Ein frei schwebender Sinn außerhalb des Bewußtseins sei reine Chimäre. "The text does not exist [...] until it is construed [...]".[34*]

Mitlaufende Sinntendenzen

Nun sieht auch HIRSCH die Schwierigkeiten, die schon CHLADENIUS gesehen hatte. Der besondre Sinn, den ein Autor seinen Worten beilegt, sei niemals der einzig mögliche unter den Normen und Konventionen seiner Sprache: "there are usually components of an author's intended meaning that he is not conscious of."[35**]

Zu beachten ist, daß, was dem Autor entgeht, weil es ihm unbewußt bleibt, hier nicht als Subversives, Widersprechendes erscheint oder auch nur als Beliebiges, sondern als zum intendierten Sinn Gehörendes (components), jedenfalls in der Regel (usually). Man kann von mitlaufenden Sinntendenzen, von Sinnüberschuß oder einfach von Implikationen sprechen. Offensichtlich können, zumal wenn sie zahlreich sind, nicht alle Implikationen für das Verständnis von gleichem oder überhaupt von Belang sein. Kriterium für ihre Einbeziehbarkeit in den Verstehensakt ist nicht, bis zu welchem Grad sie dem Autor vermutlich bewußt waren, sondern ob sie in das „Sinnprofil" (GADAMER) passen, auf das er erkennbar hinaus war. Ich kann zwar FREUDsche ‚Implikationen' im »Oedipus« oder im »Hamlet« entdecken, doch spreche ich dann von der Bedeutung, die diese Dichtungen – für mich, für ein heutiges Publikum – haben oder haben können; ich ermittle nicht

---

* „Bis zu seiner Auslegung existiert ein Text nicht [...] ."
** „der vom Autor intendierte Sinn [enthält] gewöhnlich Komponenten [...], von deren Vorhandensein dieser nichts weiß."

ihren Sinn, denn FREUDsche Implikationen gehören nicht zum "type of meaning"* (HIRSCH[36]), den SOPHOKLES oder SHAKESPEARE intendierten.

Das Sinnverständnis wird suchen, ein Höchstmaß an belangvollen Implikationen wie überhaupt an einzelnen Zügen ,funktional zu machen'. Ziel ist also nicht, wie HIRSCH sich ausdrückt, ein bloßes System von Möglichkeiten, sondern ein Gefüge, in dem die Elemente nach Maßgabe ihres relativen Gewichts, zufolge einer Logik der Implikationen, miteinander verschränkt sind.

Paradigmenwechsel des Verstehens

Wer mit HIRSCH, BETTI und vielen Älteren an der Aufgabe, die voluntas auctoris zu ermitteln, streng festhält, wird erklären müssen, wie es möglich sei, etwas Fremdes, vom Betrachter durch den Unterschied der Individualität und geschichtlichen Abstand Getrenntes nicht nur ungefähr, sondern wahrhaft zu erfassen. Je entlegner der Gegenstand, der verstanden werden soll, desto spürbarer wird dem Betrachtenden die Andersartigkeit seiner eignen Empfindungs-, Vorstellungs- und Denkwelt. Um das fremde Werk zu begreifen, scheint es nötig, den ganzen Lebenszusammenhang, aus dem es hervorgegangen ist, im Geist wiederherzustellen. In diesem Sinn hat SCHLEIERMACHER das Sich-Hineinversetzen des Verstehenden in die innere Verfassung des Autors mit Hilfe eines besondren (genialen oder virtuosen) Einfühlungsvermögens gefordert: eine Kunstleistung. Die Bedingung der Möglichkeit dazu erblickte er in der wesentlichen Gleichheit und Unwandelbarkeit der Menschennatur, die ein Überspringen des inneren und zeitlichen Abstands erlaube. Der Historismus, der auf SCHLEIERMACHER folgte, erklärte statt der so vollzognen Vereinigung der Geister die Rekonstruktion der vergangnen geschichtlichen Welt vermöge historischen Wissens zur hinreichenden Bedingung. HANS-GEORG GADAMER dagegen betrachtet den Abstand nicht als Kluft, die übersprungen oder durch historische Konstruktion überbrückt werden müsse, sondern als überspannt von der verbindenden Wirkung der Tradition. Die Welt des Betrachtenden sei durch die geschichtliche Welt, in der auch das Betrachtete seinen Ursprung habe, bedingt, ja geprägt, das Werk also nicht ein schlechthin Fremdes, sondern ein Überliefertes. „Das Verstehen", schreibt GADAMER, „ist selbst nicht so sehr als eine Handlung der Subjektivität zu denken, sondern als Einrücken in ein Überliefe-

---

* „Sinntyp".

10

rungsgeschehen, in dem Vergangenheit und Gegenwart beständig vermitteln."[37] Verstehen sei „Teilhabe am gemeinsamen Sinn"[38]. Die Überlieferung freilich sei keine Voraussetzung, unter der wir immer schon stünden; wir müßten sie selber erst schaffen. Indem wir selbst am Überlieferungsgeschehen teilhätten, wirkten wir auch darauf: in dieser Weise sei geistiges Leben verfaßt. GADAMER spricht vom Horizont des Werks und vom Horizont des Verstehenden, die beide nicht „fest" seien, nicht deutlich als jeweils anderes voneinander abgesetzt, und begreift den Vorgang des Verstehens als „Horizontverschmelzung". Dieser Begriff, von HEGEL und HEIDEGGER inspiriert, gehört zu den umstrittensten bei GADAMER und hat, zum Beispiel, die Kritik EMILIO BETTIS herausgefordert, der für das reine Erkennen des Gegenstands eine Trübung von solchem Ineinandergleiten befürchtet.

Wenn keine der genannten hermeneutischen Theorien – die idealistische, die historische, die der Horizontverschmelzung – ausschließliche Geltung beanspruchen kann, so ist in allen doch Wahrheit erkannt. Eine gelungene Verstehensleistung ist weder ohne Einfühlung noch ohne geschichtliches Wissen noch ohne den prägenden Anteil der Tradition im Verstehenden zu denken. Was den Wandel hermeneutischer Konzeptionen betrifft, so hat DILTHEY als dessen Ursache die geschichtlich bedingte Verschiedenheit der jeweils zu verstehenden Werke erkannt. Er führt das aus am Beispiel MELANCHTHONS und des FLACIUS einerseits, SCHLEIERMACHERS andrerseits. Nach antiker rhetorischer Tradition (deren Geltung noch bis in die Aufklärung reicht) ist für die altprotestantischen Theologen und humanistischen Gelehrten jede Schrift „nach Regeln gemacht, wie sie nach Regeln verstanden wird", gleichsam „ein logischer Automat, der umkleidet ist mit Stil, Bildern und Redefiguren"[39]. SCHLEIERMACHER, durch GOETHE und die Romantik mit einem andern Paradigma von Literatur vertraut, erblickt dagegen im geschriebenen Werk das Ergebnis eines schöpferischen Vorgangs, an dem das Ganze des Autors beteiligt war, also neben der Vernunft auch die Einbildungskraft: Anschauung, Phantasie, Ahnungsvermögen. Ein weiterer Paradigmenwechsel, der eine veränderte Hermeneutik zur Folge hat, tritt ein, wie bemerkt, beim Aufkommen hermetischer Dichtung in der zweiten Hälfte des 19. Jahrhunderts – ein Phänomen, das HUGO FRIEDRICH in seiner Schrift über »Die Struktur der modernen Lyrik« hervorragend gekennzeichnet hat.

Der hermeneutische Zirkel

Das Grundmodell des Verstehens in den Geisteswissenschaften und zugleich seine eigentümliche Schwierigkeit stellt sich dar im sogenannten hermeneutischen Zirkel. Danach soll aus dem Einzelnen das Ganze eines Werkes verstanden werden, obwohl das Verständnis des Einzelnen schon das des Ganzen voraussetzt. „Wir kennen das", schreibt GADAMER, „aus der Erlernung der alten Sprachen. Wir lernen da, daß wir einen Satz erst ›konstruieren‹ müssen, bevor wir die einzelnen Teile des Satzes in ihrer sprachlichen Bedeutung zu verstehen suchen. Dieser Vorgang des Konstruierens ist aber selber schon dirigiert von einer Sinnerwartung, die aus dem Zusammenhang des Vorangegangenen stammt. Freilich muß sich diese Erwartung berichtigen lassen, wenn der Text es fordert. Das bedeutet dann, daß die Erwartung umgestimmt wird und daß sich der Text unter einer anderen Sinnerwartung zur Einheit einer Meinung zusammenschließt. So läuft die Bewegung des Verstehens stets vom Ganzen zum Teil und zurück zum Ganzen. Die Aufgabe ist, in konzentrischen Kreisen die Einheit des verstandenen Sinnes zu erweitern. Einstimmung aller Einzelheiten zum Ganzen ist das [...] Kriterium für die Richtigkeit des Verstehens."[40]

Wie zwischen den Teilen und dem Ganzen des einzelnen Werks besteht ein Zirkelverhältnis zwischen dem einzelnen Werk und dem Gesamtwerk eines Autors (oder seiner Lebenstotalität) bzw. der Gattung (der Sprache, der kulturellen Sphäre), der es zugehört. „Theoretisch", schreibt DILTHEY, „trifft man hier auf die Grenzen aller Auslegung, sie vollzieht ihre Aufgabe immer nur bis zu einem gewissen Grade: so bleibt alles Verstehen [...] relativ [...] . Individuum est ineffabile."[41]

Die Ausdehnung des Zirkels über die Verhältnisse im einzelnen Werk hinaus wird schon erforderlich, wo der Gattungscharakter zu berücksichtigen ist. Freilich bleibt er in diesem Fall ein literarischer Zirkel. Anders, wenn die Erweiterung auf die Lebenstotalität des Autors, wiederum anders, wenn sie auf die ganze kulturelle Wirklichkeit als mitbedingenden Hintergrund zielt. Je nach der Strömung, die eine wissenschaftliche Praxis beherrscht, verlagert sich die Aufmerksamkeit auf engere (literarische) oder weitere (transliterarische) Kreise des hermeneutischen Zirkels. Positivistisch-biographischer wie lebensphilosophischer Literaturbetrachtung erscheint z.B. das ‚gelebte Leben' bzw. das ‚Erlebnis' des Autors als das, was den meisten Aufschluß über das Wesen des literarischen Werks enthält. In jüngster Zeit sind es die gesellschaftlichen – die wirtschaftlichen, sozialen und politischen – Verhältnisse, von denen die entscheidende Auskunft über die literarischen Werke erwartet wird, die man aus ihnen hervorgegangen sieht.

Seit VICO und HERDER wird niemand bestreiten, daß literarische Werke, wie alles Menschenwerk, geschichtlich geprägt sind, daß mithin eine ungeschichtliche Sicht ein angemeßnes Verständnis nicht nur erschwert, sondern ausschließt. Die Frage nach der Literatur im Hinblick auf ihre Geschichtlichkeit ist im zugespitzten Fall zugunsten der Literatur oder der Geschichte zu entscheiden. Wo das Ganze, das aus seinen Teilen verstanden werden soll, kein Werk mehr ist, sondern ein tendenziell unendlich Disparates – die geschichtliche Welt –, da findet sich das literarische Werk als Teil unter Teilen so verschiedener Art, daß sein Spezifisches, der Kunstcharakter, unweigerlich verblaßt. Mit anderen Worten, wo Geschichte nicht mehr als Verständnisbedingung literarischer Werke erscheint, sondern die Werke als Material für historische oder soziologische Demonstration benutzt werden, ist das Gebiet der Philologie verlassen und das der Historie oder der Gesellschaftswissenschaften betreten. Angesichts des Verhältnisses von Philologie und Literaturgeschichtsschreibung hat PETER SZONDI für diese Spannung die Formel gebraucht, „daß einzig die Betrachtungsweise dem Kunstwerk ganz gerecht wird, welche die Geschichte im Kunstwerk, nicht aber die, die das Kunstwerk in der Geschichte zu sehen erlaubt"[42].

Subjektivität

Die erste Schwierigkeit bei der Ermittlung des Sinns ist mit der Annäherung an den Text gegeben. Er ist aus einer Subjektivität, der des Autors, hervorgegangen und wendet sich an eine Subjektivität, die des Lesers. Das subjektive Moment um vermeinter Sachlichkeit willen auszuschalten, sofern das möglich wäre, hieße also die erste Voraussetzung aller Wissenschaft, die der Sachangemessenheit, verfehlen. Der Verstehende ist keine tabula rasa, in die sich das zu Verstehende nur einzeichnete. Mit Recht weist GADAMER darauf hin, daß derjenige, der sich in einen andern oder in eine andre Situation versetzt, eben sich und nicht nichts dabei mitbringt. Er fügt im übrigen hinzu, daß es beim Verstehen, anders als SCHLEIERMACHER meinte, weniger darum gehe, sich in die seelische Verfassung des Autors hineinzuversetzen – wer wollte auch sicher sein, daß ihm dies zum Beispiel bei SHAKESPEARE gelänge? – als in die Perspektive, aus der heraus der Autor gestaltet hat.[43] Der gleichsam neutrale, von allen Trübungen, damit auch von jeder Farbe gereinigte, völlig vorurteilslos Verstehende, dessen Standpunkt ein ‚reiner' Vernunftstandpunkt wäre, ist ein Phantom. Schon in der Wahl des Gegenstands, den ich zu verstehen suche, bekundet sich Subjektivität.

Der Begriff ist hier nicht mißzuverstehn. Mit der Subjektivität eines Autors ist nicht das private Ich seiner biographischen Existenz gemeint, sondern der Sinn-schaffende Teil dieses Ich. Durch ihn ist der Autor am engsten mit der überpersönlichen Sphäre verbunden, in der sein Werk, wie alle Werke, sein Urteil, seinen Wert und seine Wirkung erfährt. So erklärt VALÉRY: »*Ce qui vaut pour nous seuls ne vaut rien.* C'est la loi de la Littérature.«[*] Auch die Subjektivität des Lesers, die der Autor voraussetzt, ist nicht ein Ich, das hauptsächlich durch Marotten, Launen und Willkür gekennzeichnet wäre, sondern ein kulturell erzogenes. Aus dem Kreis der Leser, an die der Autor zu denken habe, schloß SCHILLER alle aus, „welche nur anschauen und nur empfinden", ebenso alle, „welche nur denken", da die einen wie die andern „sehr unvollkommene Repräsentanten gemeiner und ächter Menschheit" seien[45].

Die Vorurteile, zu denen auch der gebildete Leser noch neigt, sind weniger seine individuellen als diejenigen seiner Zeit. Menschheitsrepräsentanz vom Leser zu fordern, wie es SCHILLER tat und mit ihm das ganze Humanitätszeitalter, geschieht in dem Bemühen "to purify the dialect of the tribe"[**] (ELIOT[46]). Die Vorbildgeltung der Antike beruhte auf der Reinheit, mit der man das Menschliche als Gattungshaftes darin ausgebildet sah. Auch wo die Ausprägung des Menschlichen als eines Gattungshaften mit weniger Emphase gefordert wird, ist Persönlichkeit, dies höchste Glück der Erdenkinder, stets als Geformtes und damit als Gegenteil beliebiger und willkürlicher Privatheit gedacht.

Vorverständnis

Die Sinnerwartung, die eintritt, sobald sich ein erster Sinn in Einzelheiten zu zeigen scheint, ist ein Vorgriff auf das Ganze. Die Hermeneutik spricht von Antizipation, Vorverständnis, Vormeinung. GADAMER fragt sich, ob es nicht sinnvoll wäre, auch von Vorurteil zu sprechen. Er möchte zwischen richtigen und falschen,

---

[*] *„Was nur für uns allein Wert hat, das hat gar keinen Wert. Dies ist das Gesetz der Literatur."*

[**] „den Stammesdialekt zu reinigen". Oder, von Nora Wydenbruck als Vers übersetzt: „Die Mundart unseres Volkes läutern".

berechtigten und unberechtigten Vorurteilen unterscheiden: in polemischer Absicht. Denn das Wort, dem der Sprachgebrauch die neutrale Bedeutung – ein vorläufiges Urteil – im Grunde verwehrt, gestattet ihm zu fragen: „Versteht sich das Verstehen in den Geisteswissenschaften wirklich richtig, wenn es das Ganze seiner eigenen Geschichtlichkeit auf die Seite der Vorurteile schiebt, von denen man frei werden muß?"[47] „Ist nicht vielmehr alle menschliche Existenz, auch die freieste, begrenzt und auf mannigfaltige Weise bedingt? Wenn das zutrifft, dann ist die Idee einer absoluten Vernunft überhaupt keine Möglichkeit des geschichtlichen Menschentums. Vernunft ist für uns nur als reale geschichtlich, d. h. schlechthin: sie ist nicht ihrer selbst Herr, sondern bleibt stets auf die Gegebenheiten angewiesen, an denen sie sich betätigt."[48] *„Darum sind die Vorurteile des einzelnen weit mehr als seine Urteile die geschichtliche Wirklichkeit seines Seins."*[49]

Hier sind Mißverständnisse möglich, denen in diesem Zusammenhang nicht nachgegangen werden kann. Wichtig ist, wie sich GADAMER das Verhältnis von notwendiger Selbst- und geforderter Fremdbezogenheit im Verstehenden denkt. Der Verstehende, sagt er, soll der eignen geschichtlichen Bedingtheit inne werden, doch auch erkennen, daß er sich damit noch nicht auf einen unbedingten Standort begibt. Denn das Bewußtsein der Bedingtheit hebt ja die Bedingtheit nicht auf. Gefordert wird, den Gegenstand von innen heraus nachzubilden, in seiner eignen Konsequenz zu entfalten, also Vorstellungen, die unmerklichen Denkgewohnheiten entspringen, doch vom Text nicht bestätigt werden, sowie die Willkür von Einfällen fernzuhalten, damit sich der Gegenstand gegen die Vormeinung des Verstehenden durchsetzen kann. „Ein mit methodischem Bewußtsein geführtes Verstehen wird bestrebt sein müssen, seine Antizipationen nicht einfach zu vollziehen, sondern sie selbst bewußt zu machen, um sie zu kontrollieren [...] ."[50] Was Verstehen niederhalte, seien nicht Vorurteile schlechthin, sondern die undurchschauten, die nicht, wie die legitimen, als vorläufig, als Wahrscheinlichkeitsannahmen oder Verstehenshypothesen der Geltungsprüfung unterzogen werden.

Die Sinnerwartung, in der ein Vorverständnis sich bildet, ist häufig – bei älterer Literatur in der Regel – von der Gattungszugehörigkeit des Gegenstands bestimmt – eine weitere Erscheinungsform des hermeneutischen Zirkels (s. o. S. 12 f.). Die Gattung, der Gattungscharakter ist dasjenige, worin sich Überlieferung als verständnisregulierendes Moment am deutlichsten auswirkt. Die Vertrautheit des Publikums mit dem Charakter der Gattung ist die übliche Voraussetzung, unter der ein Autor seine literarische

Absicht verwirklicht. Das gilt auch da, wo er den Gattungscharakter bewußt oder unbewußt verletzt, sei es als Parodist, Experimentator oder Neuerer. Das Verhältnis erkennen, in dem ein Werk zur Tradition seiner Gattung steht, ist eine wichtige, mitunter die entscheidende Voraussetzung zu seinem Verständnis. Mit der Gattung war nach älterer Vorstellung der Zweck eines Werkes gesetzt. Seine Intention, d.h. sein Sinn und die Art, wie seine Wirkung sich entfalten sollte, sein innerer und äußerer Aufbau war von daher bestimmt. Freilich zielt das Verstehen nicht auf Einordnen, auf die Subsumption eines Werkes unter die Allgemeinheit der Gattung, sondern im Gegenteil auf sein Unverwechselbares, seine Individualität. Dies auch dann, wenn das Wesen der Gattung erkannt werden soll. Denn ein bedeutendes neues Exemplar, das den älteren hinzugefügt wird, ist nicht nur von diesen geprägt, sondern wirkt auch seinerseits verändernd auf deren Stellung im Genus zurück. Die europäische Gattung des Epos, zunächst entscheidend geprägt von HOMER, wird eine andre, da VERGILS »Aeneis« hinzutritt.

Bewußtsein und Methode

es gibt keine universale Methode des Verstehens
HUGO FRIEDRICH[51]

Das Erkennen der Gattung, zu der ein Werk gehört, setzt Kenntnis voraus, Belesenheit. Das Erfassen seiner Individualität, die eigentliche Verstehensleistung, folgt keiner bestimmten, festliegenden, in Regeln faßbaren Methode, etwa derart, daß die Schritte anzugeben wären, in denen es sich vollzieht. Zwar gibt es gewisse Grundsätze, die sog. canones, die beachtet werden müssen, damit Verstehen gelingt. Doch stellen sie nicht ein methodologisch geschlossenes Regelgebäude dar. Dergleichen zu erwarten wäre ganz verfehlt: die Aufgabe der Hermeneutik ist nicht, „ein Verfahren des Verstehens zu entwickeln, sondern die Bedingungen aufzuklären, unter denen Verstehen geschieht" (GADAMER[52]). Die canones legen also nicht etwa fest, wie viele und welche Fragen an einen Text zu stellen sind und in welcher Reihenfolge (das alles hängt ab vom jeweiligen Fall), sondern prägen ein, wie man sich dem Text gegenüber verhält. So besagt der erste (nach BETTI): sensus non est inferendus, sed efferendus, der zweite: partes ex toto, totum ex partibus usw.*; andre hängen mit dem Subjekt der Auslegung zusammen und betreffen z.B. die Aktualität des Verstehens.[53]

---

* Der Sinn ist nicht hineinzulegen, sondern herauszuholen. Die Teile aus dem Ganzen, das Ganze aus den Teilen [erschließen].

Die Unmöglichkeit eines Kanons praktischer Regeln, in deren Hervorhebung die ganze neuere Hermeneutik übereinstimmt, ist am nachdrücklichsten von E. D. HIRSCH gegen anders gerichtete Erwartungen, Forderungen und Praktiken begründet worden. Es lohnt sich daher, ihn ausführlich zu zitieren. Er schreibt:

"There are no correct 'methods' of interpretation, no uniquely appropriate categories."[54] "No one has ever brought forward a concrete and practical canon of interpretation which applies to all texts, and it is my firm belief that practical canons are not consistently applicable even to the small range of texts for which they were formulated."[55] "The notion that a reliable methodology of interpretation can be built upon a set of canons is thus a mirage. Precooked maxims carry less authority than informed probability judgments about particular cases, and verbal constructions cannot possibly be governed by *any* methods. No possible set of rules or rites of preparation can generate or compel an insight into what an author means. The act of understanding is at first a genial (or a mistaken) guess, and there are no methods for making guesses, no rules for generating insight. The methodological activity of interpretation commences when we begin to test and criticize our guesses."[56] "The discipline of interpretation is founded, then, not on a methodology of construction but on a logic of validation. [...] The inevitable tendency of those logical principles is away from generalized maxims and towards an increasing particularity of relevant observations. The proper realm for generalizations in hermeneutics turns out to be the realm of principles, not of methods, for the principles underlying probability judgments require that every practical interpretive problem be solved in its particularity and not in accordance with maxims and approaches which usurp the name of theory."[57]*

---

* „Es gibt keine richtigen ‚Methoden' der Interpretation, keine einmalig anwendbaren Kategorien." „Bis heute gibt es keinen konkreten und praktischen Kanon der Interpretation, der sich auf alle Texte anwenden läßt, und ich bin der festen Überzeugung, daß praktische Kanons sich nicht einmal auf den kleinen Bereich von Texten, für den sie formuliert wurden, konsistent anwenden lassen." „Der Gedanke, daß eine verläßliche Methodologie der Interpretation auf einer Gruppe von Kanons aufgebaut werden kann, ist also eine Trugvorstellung. Vorgefertigte Maximen besitzen weniger Autorität als auf Informationen beruhende Wahrscheinlichkeitsurteile über bestimmte Fälle, und die Erschließung von Wörtern kann auf keinen Fall durch irgendwelche Methoden geregelt werden. Es ist keine Gruppe von Regeln oder Riten der Vorbereitung denkbar, die Einsicht in das vom Autor Intendierte hervorbringen oder erzwingen kann. Der Akt des Ver-

Regeln, wie keine Hermeneutik sie bieten kann, werden nicht nur gefordert, um den Anfänger einzuführen, sondern namentlich, um mit ihrer Hilfe einen Anspruch auf Objektivität zu begründen. Auch hierauf bezieht sich HIRSCH:

"[...] subjectivism is not avoided by following a particular method or adopting a particular vocabulary and set of criteria. The most firmly established method can disguise the purest solipsism, and the more tough-minded or 'objective' the method appears to be, the more effective will be the disguise. Objectivity in criticism as elsewhere depends less on the approach or criteria a critic uses than on his awareness of the assumptions and biases that deflect his judgments."[58]*

Die Objektivität, die beim Textverständnis erreicht werden kann, stellt sich dar als Evidenz: als Einleuchtendes, nicht als Wahrheit, deren absolute Geltung durch logische Schlüsse unwiderleglich zu beweisen wäre. Schon MEIER schrieb: „Die allergröste hermeneutische Gewißheit ist niemals [...] eine apodictische Gewißheit. [...] Wer also, von einem Ausleger und Commentator, eine mathematische Demonstration erwartet, der erwartet was unmögliches und ungereimtes."[59] Evidenz entsteht durch Geltungsprüfung: durch den Nachweis, daß die Aussagen des Verstehenden über den Text, die zunächst Vermutungen waren, nun-

---

stehens ist zunächst eine geniale (oder falsche) Vermutung, und es gibt keine Methoden für das Anstellen von Vermutungen, keine Regeln für das Hervorbringen von Einsicht. Die methodische Aktivität beginnt, wenn wir anfangen, unsere Vermutungen zu prüfen und zu kritisieren." „Die Disziplin der Interpretation gründet sich also nicht auf eine Methodologie der Auslegung, sondern auf eine Logik der Geltungsprüfung. [...] Die unausweichliche Tendenz dieser logischen Prinzipien führt weg von verallgemeinernden Maximen und hin zu einer zunehmenden Partikularität relevanter Beobachtung. Als eigentliches Reich der Verallgemeinerungen innerhalb des Gebiets der Hermeneutik erweist sich das Reich der Prinzipien, nicht das der Methoden, denn die Prinzipien, nach denen sich Wahrscheinlichkeitsurteile richten, erfordern, daß jedes praktische interpretative Problem in seiner Besonderheit gelöst wird und nicht in Übereinstimmung mit Maximen und Methoden, die den Namen einer Theorie usurpieren."

* „Man vermeidet [...] Subjektivismus nicht dadurch, daß man einer bestimmten Methode folgt, ein besonderes Vokabular benützt und sich einer Gruppe von Kriterien bedient. Auch eine sehr fest etablierte Methode kann reinen Solipsismus verbergen, und je härter, ‚objektiver' die Methode zu sein scheint, umso effektiver ist nur die Verkleidung. Objektivität hängt in der Kritik wie anderswo weniger von der Methode oder den Kriterien, die ein Kritiker benützt, ab als davon, inwieweit er sich seiner Prämissen und Vorurteile, die sein Urteil beeinflussen, bewußt ist."

mehr, nach einer tendenziell vollständigen Durchdringung des Textes, plausibel erscheinen. „Es gibt hier keine andere ‚Objektivität'", sagt GADAMER, „als die Bewährung, die eine Vormeinung durch ihre Ausarbeitung findet."[60] Einziges Kriterium für Evidenz ist die Zustimmung einer möglichst großen Zahl von Urteilsfähigen als Mitvollziehern der Geltungsprüfung. Angesichts des Grades von Gewißheit, der so zu erreichen ist, zieht HIRSCH den Begriff der Geltungsprüfung (validation) dem der Wahrheitsbestätigung (verification) vor: "To verify is to show that a conclusion is true; to validate is to show that a conclusion is probably true on the basis of what is known."[61] "The interpreter's goal is simply this – to show that a given reading is more probable than others."[62]*

Die Objektivität sieht HIRSCH im übrigen weniger dadurch gefährdet, daß der Sicherheit beim Sinnermitteln Grenzen gesetzt sind, als dadurch, daß bis zu diesen Grenzen gar nicht vorgedrungen wird, ja daß Sinnermittlung überhaupt hinter andern Zielen zurücktritt. Manche, schreibt er, hielten dafür "that relevance is more important than validity. But false relevance – relevance founded upon a false and self-created image rather than upon the actual meanings and aims of another person – is a form of solipsism, and since most solipsistic judicial criticism also parades as interpretation it compounds disreputable philosophy with unwitting deception." Er fügt hinzu: "Inappropriate judicial criticism commits another sin, one of omission. By seeking values irrelevant to the author's aims, it not only induces misinterpretations but fails to enhance the peculiar and unique values that a work potentially has for the critic's audience. This particular failing is endemic to all critical monism – that lazy habit of mind which persistently applies the same approach and the same criteria to all texts. Such monism is generally based upon some prior definition of good literature: good literature is always original or ironic or visionary or compact or sincere or impersonal or what have you."[63]**

---

* „Etwas zu verifizieren heißt, zu zeigen, daß eine Schlußfolgerung richtig ist; die Prüfung der Gültigkeit ist die Demonstration der Tatsache, daß eine Schlußfolgerung auf der Grundlage der bekannten Tatsachen wahrscheinlich richtig ist." „Das Ziel des Interpreten besteht einfach darin, eine gegebene Auslegung als wahrscheinlicher zu erweisen als andere."

** „daß Relevanz wichtiger als Richtigkeit ist. Falsche Relevanz – Relevanz, die auf ein falsches und erfundenes Bild und nicht auf den tatsächlichen Sinn und die tatsächlichen Ziele anderer gegründet ist – ist jedoch eine Form von Solipsismus, und da die meiste solipsistische Kritik sich auch als Interpretation ausgibt, verbindet sie schlechte Philosophie mit unbewußter Täuschung." „Unangemessene bewertende Kritik begeht noch eine andere

Ein Rigorismus, welcher Erkenntnis, wo völlige Gewißheit nicht zu erzielen ist, überhaupt für unmöglich erklärt, und zwar unter Hinweis auf die Strenge, die von aller Wissenschaft zu fordern sei, führt zu absurden Konsequenzen. Er schränkt Erkenntnis auf Erkenntnis nach dem Muster der erklärenden Wissenschaften (der Naturwissenschaften) ein und spricht sie den verstehenden Wissenschaften (den Humanwissenschaften) ab. Natürlich ist Strenge auch vom Verstehen zu fordern. Sie ist auch erreichbar; nur beweist sie sich anders als bei Erkenntnis, die more geometrico demonstriert werden kann. Solche Demonstration läßt ein Gegenstand, der nicht ausschließlich, ja oft nicht einmal vorwiegend logisch konstituiert ist, etwa ein lyrisches Gedicht, gar nicht zu. Strenge beweist sich hier in der Genauigkeit, mit der bei jeder Aussage der ihr zukommende Grad von Evidenz erkennbar gehalten wird, und insgesamt in dem Bewußtsein von den Bedingungen der Möglichkeit philologischer Erkenntnis, also auch von ihren Grenzen. Die Verbindlichkeit, die so erreicht wird, ist nicht geringer als die philosophischer oder andrer humanwissenschaftlicher Erkenntnis.

Philologie und Strukturalismus

Linguistik als wissenschaftliches Modell

the individual features in which the language of a great writer differs from the ordinary speech of his time and place, interest the linguist no more then do the individual features of any other person's speech, and much less than do the features that are common to all speakers.*

LEONARD BLOOMFIELD[64]

In der Wissenschaft von der Dichtung tritt die Strenge erst dann ein, wenn der Interpret den Begriff für die Individualität des jeweiligen Textes anstrebt.

HUGO FRIEDRICH[65]

Sünde, eine Unterlassungssünde. Indem sie nämlich nach Werten sucht, die für die vom Autor intendierten Ziele irrelevant sind, führt sie nicht nur zu falschen Interpretationen, sondern sie vermag es auch nicht, die besonderen und einmaligen Werte, die ein Werk potentiell für die Leserschaft des Kritikers besitzt, herauszuarbeiten. Dieser besondere Fehler findet sich immer bei kritischem Monismus – jener Form geistiger Faulheit, die dieselbe Methode und dieselben Kriterien auf alle Texte anwendet. Solcher Monismus gründet sich im allgemeinen auf eine vorgefaßte Definition von guter Literatur: Gute Literatur ist immer originell, ironisch, prophetisch, kompakt, aufrichtig, unpersönlich usw."

* die individuellen Züge, durch die sich die Sprache eines großen Schrift-

Das Medium der Dichtkunst ist die Sprache. Es gibt in der Dichtung, sieht man von einigen Möglichkeiten des Dramas ab, keinen Ausdruck, keinen Sinn, keine Bedeutung, die nicht durch Sprache entstünden. Die Sprachlehre spielt daher von Anfang an eine unentbehrliche Rolle in den Leitfäden und Kompendien der Rhetorik und Poetik. Der Siegeszug der modernen Linguistik, ausgehend vom »Cours de linguistique générale« (1916) des Schweizers FERDINAND DE SAUSSURE,[66] hat allerdings der Sprachwissenschaft eine Bedeutung verschafft, die weit über die ‚triviale' Rolle der Grammatik im Rahmen der septem liberales artes hinausführt.

In der akademischen Lehre besetzt sie ein eigenes Drittel der modernen Philologien, die traditionell halbiert waren in eine Ältere und eine Neuere Abteilung, wobei die Sprachwissenschaft, vornehmlich als Lehre von den älteren Sprachstufen begriffen und in Gestalt Historischer Laut- und Formenlehre betrieben, der Älteren Abteilung zugeordnet und oft, als Propädeutik zur Lektüre älterer Texte, auch untergeordnet war. Die neueste Sprachwissenschaft, die den Namen Linguistik bevorzugt, vermutlich weil er szientifischer klingt, befaßt sich dagegen mit der Sprache der Gegenwart und betrachtet sich nicht als Propädeutik zu literarischen Studien. Ihre allgemeine Tendenz führt weg von einer Sprachuntersuchung, die geeignet wäre, das Verständnis dichterischer Werke zu vertiefen, und hin zu Verfahren, die das Fach in die Nähe von Wissenschaften wie Mathematik, formale Logik, Statistik, Informatik, Kybernetik zu rücken versprechen. Äußerlich sichtbar wird diese Tendenz an einer Vorliebe für technizistisches Vokabular, mathematisch anmutende Zeichen, Abkürzungen und Formeln sowie Tabellen und Diagramme. Der Zug ins Systematische und Allgemeine erklärt die geringe Neigung von Linguisten, sich mit Sprache als Medium literarischer Kunst zu befassen. Sie ist ein Sonderfall, der stärker als die gewöhnliche Sprache dem Generalisierungsbedürfnis der Linguistik widerstrebt. Zwar gibt es seit dem Moskauer Linguistenkreis, dem Cercle linguistique de Prague und den Anfängen der strukturalen Linguistik in den Vereinigten Staaten das Zusammenwirken, sogar die Personalunion von Literaturwissenschaftlern und Linguisten, beispielhaft verkörpert in ROMAN JAKOBSON, der maßgebend an den genannten Unternehmungen

---

stellers vom gewöhnlichen Sprachgebrauch seiner Zeit und seines Ortes unterscheidet, interessieren den Linguisten nicht mehr als die individuellen Züge im Sprachgebrauch jeder andern Person und viel weniger als die Züge, die allen Sprechern gemeinsam sind.

beteiligt war, doch mehr als diese Verbindung ist es gerade die reine Linguistik, die Literaturwissenschaftler von der Art der französischen Strukturalisten, z.B. ROLAND BARTHES, inspiriert hat.

Zunächst war es ein Ethnologe, CLAUDE LÉVI-STRAUSS, der so nachhaltig von der Fruchtbarkeit linguistischer Methoden beeindruckt war, jener vor allem, die NIKOLAJ TRUBECKOJ in seinen phonologischen Studien entwickelt hatte, daß er unter ihrem Einfluß eine strukturalistische Ethnologie entwarf. Er adaptierte das phonologische Modell auf eine Art, die z.B. der Erhellung von Verwandtschaftsbeziehungen und der Formgesetzlichkeit von Mythen bei verschiednen Völkern eine strukturale Grundlage gab. Dies wiederum beeindruckte französische Literaturwissenschaftler so, daß sie eine strukturale Literaturwissenschaft, ja die Ausbildung des Strukturalismus zur allgemeinen Grundlage für sämtliche Humanwissenschaften forderten. Bald war von Panstrukturalismus die Rede und selbst vom strukturalen Menschen. LÉVI-STRAUSS verurteilte die Aufblähung und Erweichung dessen, was er als methodisches Werkzeug verstand, zum Fetisch und Geschwätz. Es zeige sich dabei »une fois de plus que chez nous, on n'a rien de plus pressé que de livrer tout domaine à peine ouvert aux empiètement d'un verbiage pseudo-philosophique«[67]*.

Was hier interessiert, ist die Frage nach dem Verhältnis von Philologie und ,Strukturalismus', d.h. strukturaler Linguistik oder aus ihr gewonnener analoger Methoden. Schon 1967 äußerte sich HUGO FRIEDRICH dazu in einem Aufsatz über »Strukturalismus und Struktur in literaturwissenschaftlicher Hinsicht«,[68] den GÜNTHER SCHIWY in seine Darstellung »Der französische Strukturalismus. Mode, Methode, Ideologie«[69] übernahm. Anknüpfend an HUGO FRIEDRICH stellte BEDA ALLEMANN in den »Ansichten einer künftigen Germanistik« (1969) die Frage »Strukturalismus in der Literaturwissenschaft?«[70] Die Überlegungen der beiden Philologen sind noch immer aktuell. Ehe wir auf sie eingehen, sollten die Erwartungen gekennzeichnet werden, mit denen die Hinwendung zu Methoden der Linguistik erfolgte.

TRUBECKOJ, dessen Hauptwerk, die »Grundzüge der Phonologie«[71], 1939 erschien, verwarf den Individualismus und „Atomismus" früherer sprachwissenschaftlicher Schulen, die durch einen „Strukturalismus und einen systematischen Universalismus" ersetzt werden müßten. Angesichts seines Gegenstands, der Spra-

---

* „wieder einmal mehr, daß man bei uns nichts eiliger hat, als jeden kaum erschlossenen Bereich einem pseudo-philosophischen Geschwätz auszusetzen".

che, deren Ursprung anonym und kollektiv, deren Charakter allgemein ist, leuchtet diese Forderung ein. Jüngere Linguisten haben daraus das Ethos einer Sprachforschung entwickelt, die sich nicht nur szientifisch gibt, sondern sich ganz und gar als exakte Wissenschaft begreift. „Formale Untersuchungen [über die Regeltypen zur Erzeugung eines Satzes]", schreibt MANFRED BIERWISCH, „haben die Anfänge einer exakten mathematischen Theorie der Sprachkompetenz geschaffen, die nicht in einer bloß äußerlichen Mathematisierung der Linguistik besteht, sondern aus ihrer eigenen Entwicklung ebenso hervorgegangen ist wie die mathematische Formulierung physikalischer oder astronomischer Probleme aus der Entwicklung der Physik und Astronomie."[72] Schon jetzt (1966) lasse sich das Gerüst der Sprachtheorie „als mathematische Theorie formulieren und [finde] seinen Platz innerhalb der Algebra und der Theorie der abstrakten Automaten".[73] Für ihn ist es eine Frage der Zeit, wann die Linguistik in allen ihren Zweigen vollständig zur exakten Wissenschaft und damit zum Leitbild für andre Disziplinen, etwa die Poetik, geworden sein wird.

In den zitierten Ausführungen kommt BIERWISCH auf „die methodologische Aporie der sogenannten hermeneutischen Interpretation" zu sprechen, in der ein Gedicht, Roman, Lied usw. einer notwendig provisorischen Analyse unterzogen werde, bei der es dann sein Bewenden habe. Sie erfolge nicht „im Hinblick auf generelle Regeln" und führe „zu dem bekannten Dilemma, daß jedes beliebige Resultat jedem beliebigen anderen gleichberechtigt und letzten Endes unüberprüfbar" sei.[74] Strukturale Verfahren stellen nun der Philologie die Erlösung von diesem Übel in Aussicht, indem sie den aszientifischen Faktor des Individuellen aus der Analyse literarischer Werke entfernen und damit exakte Resultate anstelle beliebiger verheißen. Ziel ist eine strukturale Poetik, „die die Eigenart literarischer Texte generell und empirisch überprüfbar erklärt"[75].

Kennzeichnend ist die Rede von der „Eigenart literarischer Texte". Der Strukturalismus will Erkenntnisse über die Literarität (JAKOBSON) oder Poetizität (BIERWISCH) von Texten schlechthin, nicht über einzelne Werke gewinnen. Diese Zielrichtung bedeutet, daß, der Tendenz nach, „eine systematisch-generelle, ahistorisch gemeinte Aussage über Literatur erstrebt" wird (H. FRIEDRICH[76]); sie erklärt das ‚Werkfliehende' des Verfahrens, das auf Formalisierbares, Ablösbares, als Theorie für sich selbst zu Entwickelndes zielt (L. POLLMANN[77]). Das Werk erscheint dem Strukturalisten vorzugsweise als Beispiel des literarischen Systems, ja als Beispiel menschlicher Fähigkeit zu produzieren, das mit anderen Beispielen menschlicher Tätigkeit in Beziehung gesetzt werden muß. Für BIERWISCH geht es darum, „daß menschliche Äußerungen [...] betrachtet werden [...] auf dem Hintergrund eines systematischen Zusammenhangs, der ihre Struktur bestimmt".[78] (Wir nähern uns dem strukturalen Menschen.)

Strukturale Literaturwissenschaft?

Angesichts dieser Tendenz ist nun die Frage »Strukturalismus in der Literaturwissenschaft?« zu stellen. BEDA ALLEMANN resümiert zunächst die Bedenken HUGO FRIEDRICHS. „Als Romanist," bemerkt er, „der zudem den Begriff der Struktur in den Titel seiner vielbeachteten Analyse der modernen Lyrik gesetzt hat, wird ihn kaum der Verdacht treffen, er aktiviere lediglich jene provinziellen Abwehrmechanismen, die man gelegentlich der Germanistik nachsagt.

Friedrich fragt: ‚Kann der sprachwissenschaftliche Strukturalismus auf die Literaturwissenschaft übertragen werden ...?', und er gibt eine im wesentlichen negative Antwort, ausgehend vom Grundargument, daß in Sprach- und Literaturwissenschaft ganz verschiedene Strukturbegriffe vorliegen. ‚Für den Strukturalisten ist ein Text lediglich soweit interessant, als er Sprache ist, d. h. ein System, das in möglichst scharfen, möglichst mathematischen Formeln dargestellt werden kann. Das Interesse des Literarhistorikers hingegen richtet sich auf den Text, insofern er ein komponiertes und einmaliges Sinngebilde ist, das es zu verstehen gilt. Literarische Texte gestatten nur teilweise die einem Strukturalisten willkommene Formalisierbarkeit. Am häufigsten wird der Strukturbegriff in der Literaturwissenschaft mit Bezug auf das einzelne literarische Werk verwendet und hat hier eine relativ einfache Bedeutung (gegenseitiges Zusammenstimmen der Teile und des Ganzen). Darüber hinaus bildet Literatur keine strukturierte Totalität, sondern eine geschichtliche, gattungs- und stilverschiedene Vielheit, die sich in Autoren, nicht in einem anonymen Kollektiv realisiert. Oder, mit den bekannten Begriffen SAUSSURES ausgedrückt: Literatur als solche ist nicht *langue*, sondern *parole*. Ein Schema oder System, das alle Erscheinungen der Literatur als begrenzte innere Relationen und Kombinationen auffassen wollte, kann es nicht geben.' [...] Der Versuch, mit Hilfe des Strukturalismus zu einer im mathematisch-naturwissenschaftlichen Sinn ›exakten Literaturwissenschaft‹ zu gelangen, verkennt die schon vom deutschen Neukantianismus am Beginn des Jahrhunderts ausgearbeitete Differenz zwischen Geistes- und Naturwissenschaften."[79]

Soweit das Resümee. Im großen und ganzen stimmt ALLEMANN mit FRIEDRICH überein. Wichtiger als die Differenzpunkte zu ihm ist für ALLEMANN die Frage, was Strukturalismus in der Literaturwissenschaft überhaupt besagen könne. Er möchte „der Einfachheit halber vier Grundmöglichkeiten unterscheiden" und jeder von ihnen „zur vorläufigen Charakterisierung" eine Generalthese zuordnen.[80] Es sind folgende:

1. Die unmittelbare Anwendung linguistischer Strukturbefunde auf die Literaturwissenschaft. „These: Sprach- und Literaturwissenschaft haben prinzipiell denselben Gegenstand (Sprache)." In diesem Sinne hätten Literaturwissenschaftler schon immer die allgemeine Grammatik bemüht, um Einzelheiten zu erläutern. Eine extreme Forderung aus dieser Position sei allerdings das vollständige Erfassen der wissenschaftlichen Interpretation von Literatur durch das System der Linguistik.

2. Die Verlängerung linguistischer Strukturanalysen in den Bereich der Literaturwissenschaft. „These: Die literarische Sprache läßt sich als sekundäre Struktur über dem System der natürlichen Sprache interpretieren." Hier werde in der Regel die literarische oder poetische Sprache als „Abweichung" von der natürlichen Sprache verstanden (Anomalie).

3. Die Entwicklung einer eigenen Form von Strukturanalyse durch die Literaturwissenschaft. „These: Der Gegenstand der Literaturwissenschaft ist (weder die Sprache noch die Gesamtheit der literarischen Texte, sondern) die Literarität von Texten." Hier werde auf die direkte Übertragung linguistischer Modelle verzichtet und statt dessen die Struktur des literarischen Denkens analysiert – so wie bei LÉVI-STRAUSS die Struktur des mythischen Denkens.

4. Die Strukturanalyse der Literatur im Rahmen eines umfassenden geistes- und sozialwissenschaftlichen Strukturalismus. „These: Der Gegenstand der Literaturwissenschaft muß aus seiner Isolierung durch eine immanente Betrachtungsweise befreit und auf seine Funktion im Zusammenspiel sämtlicher gesellschaftlicher Erscheinungen hin strukturanalytisch untersucht werden." Hier drohe „die Gefahr eines diffusen Panstrukturalismus, der von der modernen Linguistik die Terminologie übernimmt, um sie mit kombinatorischem Geschick und Einfallsreichtum in eine förmliche Begriffsinflation zu treiben".

In seiner „Zwischenbilanz" kommt ALLEMANN zu dem Ergebnis: „Eine [...] ›Grammatik der Poesie‹, wie sie sich aus der Tradition des Strukturalismus als das eigentliche Endziel anbieten mag, liegt heute noch, wenn man [...] darunter ein vollständiges, auf linguistischer Grundlage errichtetes theoretisches Modell der Literatur versteht, in fast utopischer Ferne.«[81]

Die Schwierigkeit der vierten Position betreffend, der heikelsten, für viele aber der anziehendsten, haben HILMAR KALLWEIT und WOLF LEPENIES in einem Aufsatz über »Literarische Hermeneutik und Soziologie« eine ähnlich vorsichtige und abwägende Einschätzung gegeben. Dem Soziologen und Ästhetiker ADORNO attestieren sie, daß seine Kunsttheorie – die Werkimmanenz und Gesellschaftsbezug zu verbinden sucht – „bestenfalls zu einem personal überzeugenden Subjektivismus" gelange.[82] Zur Forderung LUCIEN GOLDMANNS, auch für eine umfassendere Betrachtung von der immanenten Werkanalyse auszugehen, bemerken sie, daß der größere Rahmen sich nicht von selbst ergebe, sondern einer Vororientierung bedürfe, im Fall eines sozialwissenschaftlichen Erkenntnisinteresses nach Maßgabe soziologischer Kriterien. „Solange diese nicht ausreichend geschärft und in ihrem Verhältnis zu erprobten literaturwissenschaftlichen Verfahren geklärt sind," schreiben die Verfasser, „ist der Einwand, auf diese Weise dem Werk äußerlich zu bleiben, schwer zu umgehen."[83]

Ein strukturanalytisches Beispiel

Was von der linguistisch-strukturanalytischen Behandlung eines literarischen Gegenstands zu erwarten ist, haben JAKOBSON und LÉVI-STRAUSS, zwei der namhaftesten Strukturalisten, unter dem Titel »›Les Chats‹ de Charles Baudelaire« an einem Sonett aus den »Fleurs du mal« zu zeigen versucht. Zuerst veröffentlicht in einer französischen Zeitschrift für Anthropologie (»L'Homme«, 1962[84]), erlangte die Analyse Berühmtheit als methodisches Exempel. Freilich gab es auch Kritik, die hier nicht im einzelnen, sondern als Ausdruck grundsätzlicher Skepsis interessiert.

LEO POLLMANN bezeichnet das Unternehmen nur in eingeschränktem Sinn als strukturalistisch, insofern es trotz vorhandener strukturalistischer Merkmale die Grundbedingung des Strukturalismus nicht erfülle: die Ablösung von der Empirie. Er beschreibt das Verfahren so: „Roman Jakobson erarbeitet hier auf der Grundlage der Differenzierung des literarischen Gebildes in verschiedene einander überlagernde Ebenen, z.B. die phonologische, syntaktische, prosodische und semantische, rein beschreibend und feststellend die einzelnen Elemente dieser Ebenen, sucht die zwischen ihnen geltenden formalen Beziehungen auf und erfaßt so das Werk in seiner Struktur ,als Realisation bestimmter Kombinationsmöglichkeiten der Elemente', wobei er vor allem bemüht ist, Symmetrien im Zusammenspiel von Syntax, Strophenform und Reimbehandlung aufzuweisen. Die strukturalistische Tendenz zum System (das sich hier deklariert) ist also wohl da, aber sie wird zurückgehalten, dient der Objektivierung des individuellen Tatbestandes, den dieses Sonett bietet."[85]

Die Einwände POLLMANNs und andrer[86] gegen JAKOBSONS Verfahren – von ihm stammt die eigentliche Analyse[87] – betreffen nun dreierlei: die Enthaltung von jeglicher Deutung, die Willkür bei Auswahl und Gewichtung der sprachlichen Organisationsindizien, das stillschweigende Vertrauen auf die Richtigkeit – und die Bedeutung – der getroffenen Feststellungen im Hinblick darauf, daß sie durch linguistische Analyse gewonnen worden sind.

Resultat der Untersuchung ist, daß dem Gedicht »Les Chats« ein außerordentlich hoher Grad von sprachlicher (sprachkünstlerischer) Strukturierung zugrunde liegt. Dies ist die Eigenschaft vieler gelungener Gedichte und hätte ebensowohl an einem andern erläutert werden können. Insofern der Untersuchende darauf aus ist, eine allgemeine Eigenschaft von (dichterischer) Sprache herauszuarbeiten ohne besonderes Augenmerk auf die Individualiät seines Beispiels, erweist er sich, POLLMANNs Behauptung entgegen, also doch als typischer Strukturalist.

Wie GEORGES MOUNIN an der Analyse von »Les Chats«[88], so tadelt JONATHAN CULLER an der von »Quand le ciel bas et lourd« (aus den »Spleen«-Gedichten BAUDELAIRES) die Willkür beim Herauslösen der verschiednen sprachlichen Beziehungskategorien. Eine Betrachtung des Vorgehens zeige "how, with a little inventiveness, symmetries of all kinds can be discovered and will illustrate the speciousness of some of the patterns identified in this way."[89] "[L]inguistic categories are so numerous and flexible that one can use them to find evidence for practically any form of organization."[90]*

Dies ist noch nicht der Kern der Kritik, denn hier wäre Abhilfe denkbar. Der entscheidende Satz bei CULLER lautet: "It is only by starting with the effects of a poem and attempting to see how grammatical structures contribute to and help to account for those effects that one can avoid the mistakes which result if one thinks of

---

* „wie, mit etwas Findigkeit, Symmetrien aller Arten entdeckt werden können, die das Scheinhafte einiger der auf solchem Wege festgestellten Muster verdeutlichen werden." „[L]inguistische Kategorien sind so zahlreich und dehnbar, daß man mit ihnen praktisch jede beliebige Organisationsform aufweisen kann."

grammatical analysis as an interpretive method."[91]* Was einen Autor bewegt, seine Worte zu wählen und zu stellen, ist das Bestreben, nicht ein bestimmtes sprachliches Muster, sondern einen Sinn zu verwirklichen. Das sprachliche Muster hilft mit, diesen Sinn zur Erscheinung zu bringen, doch es setzt ihn nicht frei, indem es selbst, und sei es mit noch so großer Genauigkeit, beschrieben wird. "There is no structuralist method", schreibt CULLER, "such that by applying it to a text one automatically discovers its [meaning] structure."[92]** Mit anderen Worten: "Linguistics does not [...] provide a method for the interpretation of literary works."[93]***

Zwar ist es methodisch befriedigend, Feststellungen über einen Text zu treffen, die exakt, nachprüfbar und unwiderleglich sind, insofern also die Forderung nach wissenschaftlicher Objektivität erfüllen. Es muß aber unbefriedigend bleiben, mit diesen Feststellungen die raison d'être des literarischen Gegenstands nicht zu erfassen. Ein Werk, das als dichterische Intention verstanden und gedeutet werden will, nur als sprachlichen Sachverhalt zu beschreiben mutet an wie die Suche nach dem Schlüssel, die unter der Laterne stattfindet, nicht weil man ihn dort verloren hätte, sondern weil es dort am hellsten ist.

Natürlich ist damit die Bedeutung moderner linguistischer Verfahren für die Arbeit des Philologen nicht bestritten. Sie dürfte da besonders deutlich sein, wo sich literarische Werke nicht auf ein außerhalb ihrer selbst Vorhandnes beziehen, sondern ihren Gegenstand von sich aus erschaffen, also besonders in jenem Teil der modernen Lyrik, der den Prinzipien des französischen Symbolismus verpflichtet ist. (Nicht zufällig haben ROLF KLOEPFER und URSULA OOMEN ihren ›Entwurf einer deskriptiven Poetik‹ „auf der Grundlage einer linguistischen Analyse" anhand der Prosagedichte RIMBAUDS erarbeitet."[4])

Für literarische Studien bedeutet die Zucht einer strengen sprachlichen Schulung einen doppelten Gewinn. Sie setzt den

---

* „Nur wenn man bei den Wirkungen eines Gedichts beginnt und zu sehen versucht, wie grammatische Strukturen zu diesen Wirkungen beitragen und sie zu erklären helfen, kann man die Fehler vermeiden, die eintreten, wenn man die grammatische Analyse als Interpretationsmethode versteht."

** „Es gibt keine strukturalistische Methode von der Art, daß man durch ihre Anwendung auf einen Text automatisch dessen [Bedeutungs-] Struktur entdeckte."

*** „Die Linguistik bietet [...] keine Methode für die Interpretation literarischer Werke."

Philologen instand, die Verschiedenartigkeit von Sprache als gewöhnlichem Verständigungsmittel und Sprache als Werkzeug literarischer Gestaltung genau zu erfassen und nicht nur vag zu empfinden. Und sie befähigt ihn, beim Kennzeichnen literarischer Werkstrukturen einen Grad von Exaktheit zu erreichen, der auch verwickelten sprachlichen Sachverhalten gerecht wird.

Einige praktische Hinweise

Die Erwägungen, die hier vorangestellt worden sind, berühren die Arbeit des Philologen schlechthin, also auch die einfache, die den Anfänger erwartet, ein erstes Verständnis des Textes. Gleichwohl und trotz der Bemerkung VALÉRYs, alles, was die Literatur betreffe, sei schwierig, ist nicht jeder Schritt beim Eindringen in den Sinn mit der gleichen vollen Schwere philologischer Erkenntnisproblematik belastet; zumal wenn die Aufgabe, wie hier, nicht „Interpretation" ist: Ausmessen eines möglichst weiten Bedeutungsraums, sondern schlichte Analyse. Was der Anfänger zur ersten Orientierung braucht, sind Beispiele eher als Anweisungen. Einige allgemeine Winke mögen aber die Arbeit beim Umgang mit Texten erleichtern.

Benutzung des besten erreichbaren Texts

Ich lese in einem Roman: „Ach, sie sind tot! Ihre Schwerter sind rot vom Gefecht! O mein Bruder [...]".[95] Das läßt sich, wenn man will, als Hexameter lesen – bemerkenswert, denn er ist als Prosa gedruckt und von Prosa umgeben. Lese ich diesen Roman in einer andern Ausgabe, so finde ich folgendes: „Ach sie sind todt! Ihre Schwerter roth vom Gefechte! O mein Bruder [...]".[96] Meine Behauptung, einen Hexameter gefunden zu haben, fällt nun dahin. Ich muß mich also zuerst vergewissern, ob mein Text auch zuverlässig ist, d.h. ob er den Absichten des Verfassers entspricht. Gelegentlich haben die Verfasser ihre Absichten geändert, und auch das ist mir wichtig. Ich brauche also den Text in einer Edition, die die Lesarten verzeichnet oder zumindest die Prinzipien erklärt, nach denen er zustande gekommen ist, und die mich auf andere Textgestalten verweist.

Auch das Beibehalten der originalen Schreibweise und Zeichensetzung, wie in historisch-kritischen Ausgaben üblich, hat seinen guten Sinn. Zwar drückt sich in der Schreibung im allgemeinen nicht mehr aus als die Gewohnheit der Zeit, doch ist auch die nicht ohne alle Bedeutung; wichtiger aber: es gibt so etwas wie eine orthographische Physiognomie. KLOPSTOCK und GEORGE zum Beispiel versehn die Schreibung bzw. die Interpunktion und Typographie mit Akzenten, die fürs Verständnis ihrer Werke zu wichtig sind, als daß man sie durch ‚Normalisierung' beseitigen dürfte. THOMAS MANN schreibt *Thee,* BRECHT behält die Großschreibung am Anfang der Verszeile bei. Das eine ist ein Altertümeln aus Preziosität, das andre nicht; beides will als Ausdrucksmittel erkannt sein.

Einzelschwierigkeiten: lexikalische, emblematische, realienbedingte

Verfüge ich über einen brauchbaren, also möglichst authentischen Text, so treten freilich grade in ihm auch wieder Schwierigkeiten auf, die eine geglättete Fassung dem Leser erspart. Wer nicht weiß, daß *gieng* noch bis ins 19. Jahrhundert die normale Form für ging ist, mag ein Dialektwort (oder einen Druckfehler) darin vermuten. Es gibt andre Schwierigkeiten historischer Art. Wer nicht weiß, daß Vorsicht bis in die genannte Zeit neben cautio auch divina providentia, ahnden neben vindicare auch divinare, entstehen neben oriri auch deesse bedeuten kann, ist in Gefahr, den Sinn einer Stelle zu verfehlen. Wirkt ein Wort in seinem Zusammenhang nicht verständlich, muß ein historisches Wörterbuch, am besten das GRIMMsche, herangezogen werden. Der Leser muß wissen, ob *stund* in einem bestimmten Sprachzustand ein normales Praeteritum ist wie heute stand. Weiß er es nicht (und prüft er es nicht), so mag ihm die Form als Archaismus erscheinen, als bewußtes rhetorisches Kunstmittel (vetustas [L 106,2]), obwohl der sprachliche Sachverhalt, der mit dem Text gegeben ist, ein solches Verständnis nicht zuläßt. Es ist denkbar, daß mein Text aus einer Epoche stammt, in der die Ablösung der einen Form durch die andre sich gerade vollzieht. In diesem Fall ist es wichtig, daß ich mir Aufschluß darüber verschaffe, ob der Verfasser mit dem Bevorzugen der einen oder anderen Form in einem bestimmten Zusammenhang vielleicht eine besondere Absicht verfolgt. Gibt es zum Sprachgebrauch des Verfassers ein Wörterbuch, so ist das leicht. Andernfalls müssen historische Wörterbücher oder Grammatiken herangezogen werden. Dasselbe gilt für Fälle, wo die Einflüsse eines Dialekts zu vermuten sind. Hilfsmittel der verschiedensten Art sind schließlich zu benutzen, wo ein Sachkommentar erforderlich wird, also etwa zur Feststellung von Realien.

Schwieriger als bei diesen lexikalischen und realienhaften Erscheinungen wird es z. B. bei emblematischen. Erscheint in einem

Text, zumal in einem älteren, in signifikantem Zusammenhang eine Palme, ohne daß mir die Palme als Sinnbild des Gerechten bekannt ist, so kann es sein, daß ich etwas Wesentliches bei meiner Analyse übersehe und den Sinn der Stelle verfehle. Ebenso ist es bei antiquarischen Reminiszenzen, versteckten Zitaten oder Anspielungen, durch deren Verkennen oder Übersehen mir Entscheidendes – eine Ironie, eine parodistische Pointe oder dgl. – entgeht. Hier ist die Triftigkeit und Schärfe meiner Untersuchung allein durch mein Wissen bedingt. Je belesener ich bin, besonders in den antiken Literaturen und der Bibel, desto transparenter erscheint mir der Text in bezug auf die Tradition, die sich hinter ihm auftut. Unerläßlich ist die Kenntnis der Tradition da, wo sie der Verfasser bei seinen Lesern voraussetzt. Entbehren kann ich sie eigentlich nie, denn: „Die Übernahme sprachlich geformter *materiae* ist das normale Verhalten eines Autors seit der Antike."[97] Die Lektüre der Bücher von LAUSBERG über die literarische Rhetorik[98] vermittelt davon einen vorzüglichen Begriff.

Ein Drei-Schritte-Modell der Analyse

Folgerichtig stellt sich für WOLFGANG BABILAS die Aufgabe des Untersuchenden – BABILAS spricht vom Interpreten, doch gilt, was er sagt, in der Regel bereits für die Analyse – als dreierlei dar:
1. Die Feststellung der Textphänomene und ihrer Bedeutung,
2. die Feststellung der Quellen dieser Textphänomene und
3. die Definition der dialektischen Beziehung zwischen den Textphänomenen und ihren Quellen.[99]

Wichtigster Schritt ist der erste, das Feststellen „der ›stofflichen‹, gedanklichen und sprachlich-formalen Phänomene, aus denen sich der Text zusammensetzt, und [die] *Feststellung der Bedeutung dieser Phänomene.* Dazu gehört die Groß- und Kleingliederung des Textkontinuums und die damit verbundene Freilegung der Strukturen. Dazu gehört die Aufdeckung der textinternen Bezüge. Dazu gehört überhaupt das Feststellen und zur Sprache Bringen jedes noch so winzigen im Text enthaltenen Details gleich welcher Art, *sofern es für die voluntas auctoris relevant oder relevanzverdächtig ist.* Je gründlicher, ja raffinierter dieser erste Interpretationsabschnitt vollzogen wird, umso ergebnisreicher wird die Gesamtinterpretation sein."[100] (Hervorhebungen von mir.)

Der Begriff der voluntas auctoris ist, wie gesagt, nicht beschränkt auf das, was der Verfasser bewußt in seinen Text hineingelegt hat (die Grenze zwischen Bewußtem und Unbewußtem zu ermitteln, ist ja sehr heikel), sondern meint, was sich aus dem

Zusammenschluß der Textelemente zu einem „Sinnprofil" ergibt. Freilich nicht zu einem beliebigen, sondern zu einem, das aufgrund entsprechender Evidenz als Intention des Verfassers belegt oder einleuchtend gemacht werden kann. Zur Unterscheidung von der Absicht, die dem Autor in vollem Umfang bewußt ist, der sog. subjektiven voluntas auctoris, spricht die Rhetorik hier, mit einem nicht sehr glücklichen, aber doch verständlichen Ausdruck, von objektiver voluntas auctoris.

Verfehlt wäre eine Analyse, die nur einzelne Aspekte berücksichtigt, also nur die Gedanken oder nur den Satzbau oder nur die Bilder. (Wenn der eine oder andre Aspekt im folgenden isoliert wird, geschieht das allein aus didaktischen Gründen.) Zu warnen ist allerdings vor den Gefahren der ‚Überinterpretation' und des Mechanischen. „Wenn ein Dichter schreibt ‚Ich ging', braucht das nicht Ausdruck heiterer Stimmung durch I-Laute zu sein, sondern nur ein möglichst knapper und einfacher Ausdruck des Sachverhalts ‚profectus sum'."[101] Nicht alles Mögliche ist zu berücksichtigen, sondern alles Belangvolle, und zwar nach Maßgabe seiner Erhellungskraft. Umfang und Reihenfolge, die Art der Behandlung, das ganze Vorhaben der Untersuchung hängt dabei ab vom jeweiligen Text.

Begonnen werden sollte mit einer Stoffsammlung, die alles in sich aufnimmt, was „relevanzverdächtig" erscheint. Sie ist der Speicher, das Reservoir für Beobachtungen und Überlegungen, die bei der Durchführung der Analyse verfügbar sind und vorbereitend schon zu Komplexen oder Konstellationen zusammentreten. Bei der Verwertung sollte bedacht sein, daß die Analyse auch ihrerseits ein literarisches Unternehmen ist, das den Gesetzen der Komposition unterliegt. Sie muß geordnet sein und darf sogar eine gewisse Anmut besitzen. Die erforderlichen Vorarbeiten wie Stoffsammlung und Stoffgruppierung sollten also von der Untersuchung selbst getrennt werden. Wieviel aus jenen in diese übergeht, entscheidet der Takt, das iudicium des Untersuchenden. Natürlich hängt die Vollständigkeit und Ausführlichkeit bei der Behandlung der einzelnen Erscheinungen auch vom Umfang des zu untersuchenden Textes ab. Bisweilen empfiehlt sich die Beschränkung auf charakteristische Beispiele, unter die sich Vergleichbares subsumieren läßt, oder das statistische Kürzel.

„Eine wissenschaftliche Darstellung", schreibt ERNST ROBERT CURTIUS, „kann auf die ›strenge Demonstration‹ [Novalis] nicht verzichten. Darum ist sie, als literarische Komposition betrachtet, eine Rechnung, die nie rein aufgeht [...] . Gibt der Autor zu viele Belege, so wird sein Buch unlesbar; gibt er zu wenige, so schwächt er die Beweiskraft."[102] In diesem Dilemma, fährt er fort, habe er versucht, nur das an Belegen in den laufenden Text zu übernehmen, was für die Sicherung der Argumentation erforderlich war.

Entscheidend für die Arbeit – sofern sich nicht ein bestimmtes analytisches Verfahren dem Untersuchenden von vornherein empfiehlt – ist das Finden des methodischen Ansatzes. Er muß als solcher erkennbar sein und seinerseits der Analyse eine deutliche Gliederung geben. Zwar ist es legitim, bisweilen eine Feststellung zu treffen, an die sich wegen der Beschaffenheit des Textes nicht mehr als eine Vermutung knüpft; grundsätzlich aber zielt das Konstatieren von Beobachtungen auf ein evidentes Ergebnis. Hüten sollte man sich vor bloßen Paraphrasen, dem Ausbreiten von Selbstverständlichkeiten und allen Bemerkungen, durch die sich nichts erhellt. Hier, wie Erfahrungen mit Anfängern gezeigt haben, sind die Schwierigkeiten erheblich. Sich auf zwanzig oder dreißig Zeilen Text zu konzentrieren, nicht abzuirren: mit dem ersten Gedanken schon auszugreifen in Zusammenhänge der Biographie, Geschichte, Philosophie usw., sich freizuhalten von geläufigen Vorstellungen, die die eine oder andere Erscheinung im Text suggeriert oder zu suggerieren scheint, verlangt Geduld und Disziplin.

Wer Sinn und Eigenart eines Werkes erkennen will, muß zunächst das Werk auf sich wirken lassen. Alle Werke verlangen danach; ihr Gehalt ist gleichsam das Maß ihrer Wirkung. Bei wiederholtem Lesen wird der eine oder andere Zug als Besondres oder Kennzeichnendes hervortreten. Sind es mehrere, muß ihr wechselseitiges Verhältnis nicht unbedingt sogleich in die Augen fallen. „[D]ie Arbeit kann nun bei einem beginnen und darauf vertrauen, daß sich bei der stilistischen Auswertung eine Kategorie darbietet, die wie eine Wünschelrute die Untersuchung weiterführt. [...] Sie steigt nicht ständig von Kleinem und Einfachem zu höheren Schichten auf, und manchmal erspürt man vielleicht eine Kategorie eher, als man ihre sprachliche Ausformung erkennt. Während der Arbeit wird sich dabei manches anfänglich bereits Festgestellte schärfer fassen lassen oder verschieben [...] ."[103]

Ist der Text mit aller erdenklichen Sorgfalt durchmustert, wenn nötig mit Hilfe des einschlägigen philologischen oder sonstigen Instrumentariums, erfolgt der zweite Schritt, das Aufhellen des Hintergrunds. Was mir hier an Kenntnissen fehlt, muß ich durch systematische und freie Lektüre, durch Erkundigungen und Nachforschungen (oft auf Verdacht) mit der Zeit heranzubringen und verfügbar zu machen suchen. Wie der Blick für das Technische, für die μηχανή (mēchanē) eines Textes sich erst durch Übung herausbil-

det, so der Blick für die geschichtliche Perspektive durch Hinein-
wachsen in die Welt der Literatur, und nicht nur der Literatur.
Häufig genügt es bereits, daß quid und quale des Textes in eine
Überschrift zusammenzufassen, um zu erkennen, in welche Tradition er gehört.

Am heikelsten für den Anfänger ist der letzte Schritt, die Definition der dialektischen Beziehung zwischen den Textphänomenen
und der theoretischen oder praktischen Quelle, also der Formtradi-
tion oder der konkreten Vorlage. Wie neu, erregend oder revolu-
tionär etwas ist: was sich darin an Mißachtung oder Auflehnung
gegenüber der Tradition bekundet usw., das zu ermitteln ist ohne
genauere Kenntnis der Literatur (oder Literaturen) nicht möglich.
Die beste erdenkliche Hilfe sind hier die Verweise in den Erläute-
rungen einer guten wissenschaftlich-kritischen Edition (Hamburger Goethe-Ausgabe, Schiller-Nationalausgabe, Stuttgarter Höl-
derlin-Ausgabe usw.).

Es muß betont werden, daß das Drei-Schritte-Modell, dargelegt
in einem Vortrag über »Tradition und Interpretation«, die Gene-
ral-Methode nicht doch noch ersetzen soll, die zuvor als unmöglich
erklärt worden ist. Keineswegs liegt hier das Schema, das jeder
Analyse zugrunde gelegt werden muß. Sein Wert als Verfahrens-
modell ist der eines Beispiels, heuristisch, nicht systematisch.
Freilich wird es sich anbieten, wo die Beziehung eines Textes auf
seinen Traditionshintergrund besonderen Aufschluß über den spezifischen Charakter dieses Textes verspricht. Das ist häufiger der
Fall bei Werken, die bewußt aus Traditionsbezügen heraus geschaffen wurden – und Rebellion ist auch ein Bezug zur Tradition –
als bei traditionsindifferenten, also eher bei einem Drama von
SCHILLER als einer Kurzgeschichte von BÖLL.

Die Texte, die im folgenden behandelt werden, entstammen
einer Zeit, da die Traditionsbezüge noch stark waren – was die
Ausführlichkeit bei der Erläuterung jenes Verfahrens erklärt. Sie
sind, mit Ausnahme eines einzigen aus dem 20. Jahrhundert, dem
18. und frühen 19. Jahrhundert entnommen, einer Zeit, die unsrer
eigenen noch genügend nahe liegt, um nicht ein Übermaß an
historisch bedingten Schwierigkeiten aufzuwerfen, und fern genug,
um diese Schwierigkeiten doch erkennen zu lassen: und damit die
Distanz zu schaffen, die für die Zwecke der textanalytischen
Propädeutik erwünscht ist. Daß die Mehrzahl der Texte nur Ausschnitte sind, war kaum zu vermeiden; die Beschränkung auf
Vollständiges von der erforderlichen Kürze hätte die Auswahl
beengt. Andrerseits ist dieser Umstand von Vorteil: er zwingt zur
Konzentration auf ein kurzes Stück, das aber doch zu seinem

Verständnis der Beachtung des Ganzen, der Zusammenhänge und des Stellenwertes bedarf. Die natürlichen Bedingungen einer ‚Gewebeprobe' sind damit gewahrt.

Selten ist vermutlich der Fall, daß an einem einzigen Text eine solche Fülle analytischer Kategorien demonstriert werden kann wie an unserm „Modell" [15]. Nichts wäre verkehrter, als jeden beliebigen Text in diesen Raster zu zwängen wie Kleine und Große ins Bett des Prokrustes.

Der Leser wird bemerken, daß die Analyse nicht stets beim bloßen Kennzeichnen des Vorgefundnen verharrt. Ab und an geht die Feststellung – das unmittelbare Anliegen des Verstehens – in Wertung über. Dieser Umstand ist natürlich, wie DILTHEY bemerkte (vgl. o. S. 3 f.), und bedarf nicht der Entschuldigung oder der Rechtfertigung. Worauf es in diesem Zusammenhang ankommt, ist nicht, sich aus Gründen methodischer Reinlichkeit jeglicher Wertung zu enthalten, sondern vielmehr nur solche Wertungen zuzulassen, die unmittelbar aus der Analyse eines Textes hervorgehen. Auch sie aus der Untersuchung zu verbannen wäre ein Akt der Enthaltsamkeit, der niemand diente und den auch die Sache nicht fordert. Denn philologisches Erkennen, das mit der Analyse beginnt, ist seinem Wesen nach auf Entscheidung gerichtet.

RHYTHMUS

Sich bindender Rhythmus

Aus einem Roman von 1799

[1] [...] *wo ein Volk das Schöne liebt, wo es den Genius in seinen Künstlern ehrt, da weht, wie Lebensluft, ein allgemeiner Geist, da öffnet sich der scheue Sinn, der Eigendünkel schmilzt, und fromm und groß sind alle Herzen und Helden gebiert die Begeisterung. Die Heimath aller Menschen ist bei solchem Volk' und gerne mag der Fremde sich verweilen. Wo aber so belaidigt wird die göttliche Natur und ihre Künstler, ach! da ist des Lebens beste Lust hinweg, und jeder andre Stern ist besser, denn die Erde. Wüster immer, öder werden da die Menschen, die doch alle schöngeboren sind; der Knechtsinn wächst, mit ihm der grobe Muth, der Rausch wächst mit den Sorgen, und mit der Üppigkeit der Hunger und die Nahrungsangst; zum Fluche wird der Seegen jedes Jahrs und alle Götter fliehn.*

Aus einer Erzählung von 1794

[2] [...] *wer in dem Kloster gut zu schwatzen versteht, der wird im Orden erhoben, wird zum Lesemeister, zum Custos oder zum Prior. Andere stehen bei Seite. Die Schüsseln werden gar ungleich aufgetragen. Denn einige müssen des Nachts in dem Chore singen, lesen, die Gräber umgehn; die anderen haben guten Vortheil und Ruh und essen die köstlichen Bissen.*

Und die Legaten des Papsts, die Äbte, Pröbste, Prälaten, die Beguinen und Nonnen, da wäre vieles zu sagen! Überall heißt es: Gebt mir das Eure und laßt mir das Meine. Wenige finden sich wahrlich, nicht sieben, welche der Vorschrift ihres Ordens gemäß ein heiliges Leben beweisen. Und so ist der geistliche Stand gar schwach und gebrechlich.

In beiden Texten, die wir hier lesen, werden Mißstände beklagt. Damit ist das Gemeinsame bereits erschöpft. Die Verödung des Lebens durch die Mißachtung des Schönen ist ein ganz anderes, allgemeineres, tieferes Übel als die Ungerechtigkeit und Habgier des Klerus. Das eine stellt sich weiterhin in der Schilderung seiner Auswirkungen dar, mittelbar, das andre am Beispiel, direkt und konkret. Das sind Unterschiede im Thema und in der Themenbehandlung, die Unterschiede in der sprachlichen Prägung bedingen.

In Haltung und Ton, in der Höhenlage sind die Texte konträr. Der Anklage im zweiten Text steht im ersten die Klage, eine schmelzende Klage, gegenüber. Der Text ist elegischer, lyrischer, bei aller Bitterkeit von einer arienhaften Kantabilität, eine großbogige, schwingende Kantilene. Der zweite ist derber, grobkörniger, prosaischer. Das ist um so bemerkenswerter, als es sich bei dem ersten Text um Prosa, beim zweiten um Verse, nämlich Hexameter handelt, die hier nur optisch als Prosa erscheinen. Allerdings ist der Hexameter ein Versmaß, das eine Fülle von Variationen im sprachlichen Gestus erlaubt und sich dem Tonfall der Prosa durchaus nicht verschließt. Hier ist das Prosaische durch eine Wortwahl, eine Wortstellung und Satzfügung bewirkt, die sich nicht von den natürlichen Mustern der Prosa entfernt. Überhöhungen oder Schmuck, das Poetische und Pathetische des ‚heroischen Versmaßes‘ ist absichtlich vermieden.

Im ersten Text dagegen ist gerade dies zu beobachten. Der Eindruck des Lyrischen ergibt sich hier aus der Verwendung rhetorischer Mittel zu einem poetischen Zweck. So in der Wortwahl (*besser, denn*), in der Metaphorik (*der Eigendünkel schmilzt, die Natur wird belaidigt*), im Satzbau: im Parallelismus der Glieder und Sätze, z.T. durch die Anapher (L 265) verstärkt (wiederholte Einsätze mit *wo* und dem korrespondierenden *da*), im Chiasmus (L 392) (*der Rausch wächst mit den Sorgen, und mit der Üppigkeit der Hunger*) und der Verschränkung des Chiasmus mit dem Parallelismus (*der Knechtsinn wächst – Nahrungsangst*).

Das Bewußte, z.B. in der Wortstellung, geht bis zum Künstlichen. So heißt es nicht: Immer wüster und öder werden da die Menschen, sondern: *Wüster immer, öder werden da die Menschen.* Der Unterschied liegt in dem größeren Nachdruck, den das Ungewöhnliche gegenüber dem Gewöhnlichen besitzt. *Wüster* und *öder*, durch die Sperrung getrennt, sind markanter akzentuiert. Das Rhetorische stellt sich hier als etwas Rhythmisches dar. Außer der Hervorhebung bewirkt die Sperrung noch etwas weiteres. Sie ordnet die betonten und unbetonten Silben zu einem regelmäßigen Wechsel: *Wüster ímmer, öder wérden dá die Ménschen.* Dasselbe geschieht, wenn es heißt: *Wo aber so belaidigt wird die göttliche Natur,* nicht etwa: Wo aber die göttliche Natur so beleidigt wird. Oder: *und gerne mag der Fremde sich verweilen,* nicht etwa: und gern mag sich der Fremde verweilen. Wir erkennen hier die Absicht, ein Gleichmaß des rhythmischen Gefälles zu schaffen. Aus dieser Absicht erklärt sich die Endung in *gerne,* das Nebeneinander des Dativs in der vollen und der verkürzten Gestalt (*Fluche – Volk'*), die Synkopierungen (*andre, Jahrs, fliehn*) und das eingeschaltete *ach!*, das die Fuge zwischen korrelativ gekoppelten Sätzen vertieft (*wo* [...], *ach! da* [...]). Skandieren wir diese bewußte und sehr geregelte Prosa, so ergibt sich ein Alternieren betonbarer und unbetonter Silben, das erst die genannten Erscheinungen an den entsprechenden Stellen ermöglichen:

> *íst bei sólchem Vólk' und gérne mág*
> *die Náhrungsángst; zum Flúche wírd der Sécgen*
> *und íhre Künstler, ách! da íst des Lébens*

Betrachten wir daraufhin den Text insgesamt, so zeigt sich, daß er von Anfang bis Ende auf diese Weise skandierbar ist ([...] *wó ein Vólk das Schöne líebt* usw.). Nur zweimal, hinter *verweilen*, wo ohnedies das Periodenende den Fluß unterbricht, und hinter *Sorgen*, entsteht eine ‚doppelte Senkung'. Und einmal, an der auch inhaltlich hervortretenden Stelle *und Helden gebiert die Begeisterung*, moduliert der Rhythmus in das Schwingende des daktylischen Dreischritts.

Natürlich wäre es falsch, den Text skandierend zu lesen, da er ja nicht aus Versen besteht und gewiß nicht aus solchen, die klappern. Man könnte daher auch nicht von einem trochäischen oder jambotrochäischen Metrum sprechen. Es fehlt das Gliederungsprinzip des Verses: die Zeile, die Zeilenzäsurierung, die annähernd gleiche Stärke der Betonungen und die annähernde Gleichmäßigkeit der Hebungsabstände. Doch wäre zu sagen, daß die Prosa sich hier ein metrumartiges Muster entwirft, an das der Rhythmus sich bindet.

Mit den Begriffen Metrum und Rhythmus befinden wir uns in der Verslehre, wo das eine das abstrahierende Schema bezeichnet, das andre die modifizierbare und eigenständige Bewegung der Sprache. Aus dem Verhältnis des Rhythmus zum Metrum, dem Sich-Einfügen, Überlagern und Brechen, erwachsen die Spannungen, aus denen der Vers erst lebt. Die Prosa – wie der Freie Vers – kennt derartiges nicht, da das theoretische Gerüst, das Schema, ja fehlt. Rhythmus ist hier die freie, nur von innen her geregelte Bewegung der Sprache. Gelegentlich verfestigt sich diese Bewegung zu einer Form, die den Vers suggeriert. Sie tut das zufällig oder der Absicht des Verfassers entsprechend, und zwar besonders da, wo eine poetische Gestimmtheit oder eine rednerische Wirkung erstrebt wird. Dies ist z.B. der Fall bei dem Roman, der unsern Text [1] enthält und dem sich vollständige und wohlgebaute Verse in großer Zahl und ohne Mühe entnehmen lassen: Blankverse, Alexandriner oder Hexameter [3, 4] und Pentameter [5, 6]:

> [3] *höre mich, Joniens Himmel! höre mich, Vaterlandserde*
> [4] *Sonn' und Erd' und Aether mit allen lebenden Seelen*

[5] *Frühling und Sommer und Herbst! wir aber kennen sie nicht*
[6] *Wir sind uns lieber, als je, mein Alabanda und ich.*

Im ganzen sind solche Erscheinungen selten, und über den Wert der Prosa besagen sie nichts. Am Beispiel THEODOR STORMS zeigt WOLFGANG KAYSER, wie der Verscharakter von Prosa als Entgleisung empfunden und vom Dichter selbst nach Kräften wieder getilgt wurde.[104] KAYSER verweist auf die Gefahr für die Qualität der Prosa, besonders bei einer intimen Erzählung, „wenn der Rhythmus selbstherrlich wird [...] und Vorerwartungen auftreten läßt, die den Worten Substanz entziehen". Hingegen gesteht er dem Autor, „der nachdrücklich spricht, [...] dem die [...] Leser sich zu einer anonymen, öffentlichen Hörerschaft zusammenschließen, der mit einem Worte: verkündet statt zu erzählen", durchaus das Recht zu, seine sprachliche Bewegung auch metrisch zu regeln.[105]

Der Prosarhythmus ist eine diffizile Erscheinung. Sein Erfassen und Deuten wird dadurch erschwert, daß die beschreibenden Kategorien für jeden Text erst neu zu entwickeln sind, da die Literaturwissenschaft trotz mancher Versuche auf diesem Gebiet noch nichts Verbindliches erarbeitet hat[106]. Feste Regeln gibt es nur für den rhythmischen Satzschluß, die Klausel oder den Cursus.

Cursus

Die öffentliche Hörerschaft, aber eine konkrete, die zu beeindrucken und zu beeinflussen war, nämlich vor Gericht und in der Volksversammlung, ist der historische Hintergrund der gesamten literarischen Beredsamkeit der Antike. Besondere Sorgfalt wurde in dieser Tradition auf die Behandlung der Satzschlüsse verwandt, der sog. clausulae (L 460f.): metrisch geregelter Floskeln, durch die das Ende der Periode, des Kolons oder selbst auch des Kommas eine erhöhte Profilierung und gesteigerten Nachdruck erhielt. Sie waren der Sprache des Verses entlehnt (ohne doch Versen im einzelnen zu entsprechen) und wurden später, als das quantitierende System verfiel, durch die sog. Cursus (L 462) ersetzt. Regelndes Prinzip, neben der Wortlänge und Wortgrenze, war hier der Akzent.

Außerhalb der Romania hat sich das Rednerische als ein bewußtes Element und damit das bewußte Verwenden der Cursus aus der neueren Prosa so gut wie verloren. In Rudimenten allerdings ist der rhythmische Satzschluß noch immer vorhanden. Entlassen wir aus dem Begriff des Cursus die Verfügungen über die Wortgrenze, so sind die geläufigsten unter den Typen, die uns noch heute begegnen, der cursus planus und der sog. oxytonische, d.h. scharf gespannte oder hell tönende Schluß. Der cursus planus entspricht dem Adonius: den Takten 5 und 6 des Hexameters oder der 4. Zeile der sapphischen Strophe (in deutscher Nachbildung: x́xxx́x), der oxytonische Schluß dem Choriambus (deutsch: x́xxx́).[107]

Aus einem Trauerspiel von 1783

[7] FIESKO. [...] *Leonore, vergib – Reue zürnt man dem Himmel nicht ab.* (weich, mit Wehmut.) *Jahre voraus, Leonore, genoß ich das Fest jener Stunde, wo ich den Genuesern ihre Herzogin brächte – Wie lieblich verschämt sah ich schon deine Wangen erröthen, deinen Busen, wie fürstlich schön unter dem Silberflor schwellen, wie angenehm deine lispelnde Stimme der Entzükung versagen.* (lebhafter.) *Ha! wie berauschend wallte mir schon der stolze Zuruf zu Ohren, wie spiegelte sich meiner Liebe Triumph im versinkenden Neide! – Leonore – die Stund ist gekommen – Genuas Herzog ist dein Fiesko – und Genuas schlechtester Bettler besinnt sich, seine Verachtung an meine Quaal und meinen Scharlach zu tauschen –* (rührender.) *Eine Gattinn theilt seinen Gram – mit wem kann ich meine Herrlichkeit theilen?* (er weint heftiger, und verbirgt sein Gesicht an der Leiche. Rührung auf allen Gesichtern.)

Anmerkungen zum Text
[...] *besinnt sich, seine Verachtung an meine Quaal und meinen Scharlach zu tauschen:* ob er geneigt wäre, sein verachtetes Dasein gegen meine Qual und meine fürstliche Stellung zu tauschen.

Dieser Text ist einem hitzigen Stück, SCHILLERS »Fiesko«, entnommen. Er steht in einer Massenszene im 5. Akt. Die Verschwörung ist geglückt, aber unwissentlich hat Fiesko, statt den Gianettino, seine eigene Frau, Leonore, erstochen. Er spricht den Text im Augenblick seines höchsten politischen Triumphs und seines tiefsten menschlichen Leids. „(sinkt weinend an ihr nieder.)" lautet die Bühnenanweisung vor dem Beginn des Zitats. Es ist ein Höhepunkt der dramatischen Spannung, die sich hier in rhetorischer Intensität – der Intensität des Rührenden – entlädt. Rhythmisch bekundet sich das in einer elastischen Beweglichkeit, einem agogischen espressivo, das die Bühnenanweisungen noch verdeutlichen. Die sorgfältige Phrasierung tritt besonders an dem ungrammatischen Komma hinter *Busen* zu Tage, das als reines Phrasierungszeichen die chiastische Konstruktion profiliert (*Wie lieblich* [...] *deine Wangen* [...], *deinen Busen, wie fürstlich schön*). Die Gedankenstriche lösen die Einheiten heraus, die sich als rhythmische Bögen entfalten: durch Parallelismen gegliedert und z.T. untereinander verspannt (*Wie lieblich* [...], *wie fürstlich*; *wie* [...] *wallte mir* [...], *wie spiegelte sich*; *Genuas Herzog* [...] – [...] *Genuas schlechtester Bettler*; *Eine Gattinn theilt* [...] – *mit wem kann ich theilen?*) Das modelliert die rhythmischen Gruppen und akzentuiert ihre Glieder. Offensichtlich müssen wir lesen: *Genuas Herzog / ist dein Fiesko:* x́xxx́x (,Adonius')/xx́xx́x (,hyperkatalektische Jamben'). Dies ist übrigens der einzige Schluß mit jambischer Kadenz, alle andern sind cursus plani oder oxytonische Schlüsse – 15 im ganzen:

cursus planus

voraus, Leonore	*Bettler besinnt sich*
Fest jener Stunde	*Scharlach zu tauschen*
Herzogin brächte	*Herrlichkeit theilen*
Wangen erröthen	
Silberflor schwellen	Oxytonischer Schluß
Entzükung versagen	
Zuruf zu Ohren	*Leonore, vergib*
versinkenden Neide	*Himmel nicht ab*
Stund ist gekommen	*theilt seinen Gram*

Das Bewußte der Kadenzierung zeigt sich besonders an dem Beispiel *die Stund ist gekommen*, wo der Wortkörper gestutzt ist (Metaplasmus, L 123,3), um in die Formel des Cursus zu passen. Die Dominanz dieser Formeln geht bis ins Innere der syntaktischen Glieder: *lispelnde Stimme, (meiner) Liebe Triumph.* Es treten Verkettungen auf, die eine daktylische Reihe ergeben: *schlechtester Bettler: Bettler besinnt sich*, oder Verschränkungen, bei denen sich eine Figur in die andre hineinschiebt: *Jahre voraus, Leonore: Jahre voraus* (x́xxx́): *voraus, Leonore* ([x]x́xxx́x).

Was besagt nun diese starke rhythmische Durchformung? Wir hatten sie als Geschmeidigkeit gedeutet. Diese Auffassung bestätigt sich durch den dramatischen Kontext und den Charakter des Redenden. In den „Dramatis personae" wird er als „Junger schlanker blühendschöner Mann von 23 Jahren" bezeichnet, „stolz mit Anstand – freundlich mit Majestät – höfischgeschmeidig, und eben so tükisch". Seine Geschmeidigkeit zeigt sich auch hier: Er zerbricht nicht, seine Sprache hat nichts Zerbrochnes, sondern im Gegenteil, wie wir sahn, etwas Elastisches. Die Fortführung der Szene bestätigt den Eindruck. Fiesko „(steht gefaßt und vest auf.) Höret, Genueser – die Vorsehung, versteh ich ihren Wink, schlug mir diese Wunde nur, mein Herz für die nahe Größe zu prüfen? – Es war die gewagteste Probe – izt fürcht ich weder Quaal noch

41

Entzüken mehr. Kommt". Das ist die Haltung einer Person, die alle Regungen, auch die privatesten, ins Politische übersetzt und im Hinblick auf die Öffentlichkeit artikuliert, in der sich die Szene ja abspielt. Daß das Oratorische, fast möchte man sagen: der bel canto sie auch hier nicht verläßt, deutet im übrigen auf eine gewisse Opernhaftigkeit der Figur.

Rhythmus und Satzbau

Unsere Beispiele und die hilfsweise gebrauchte metrische Terminologie sind u. U. geeignet, den Begriff des Numerus, des Sprachrhythmus, für uns zu verengen und zu verfälschen. Auch die Wissenschaft ist dieser Gefahr nicht entgangen. Um allen Mißverständnissen zu begegnen, sei die folgende grundsätzliche Bemerkung FRIEDRICH BEISSNERS zitiert:

„Im Ansatz verfehlt muß [...] jedes Verfahren erscheinen, das dem Rhythmus durch Skansion, durch Silbenzählen oder Silbenwägen, beikommen will. Auf solche Art bestimmt man das Metrum der gebundenen Rede, des Verses. Die Prosa aber kennt keine gesetzmäßig wiederkehrenden Silbenfolgen – abgesehn von seltenen lyrischen oder emphatischen Stellen, die sich aus innerer Notwendigkeit dem Vers nähern, und abgesehn weiter von der Erscheinung des Satzschlusses, der Klausel, wo sich, je nach dem Temperament des Schreibers oder Sprechers, gewisse meßbare, also metrische Regelmäßigkeiten einstellen: den Prosasatz in seiner ganzen Erstreckung aber nach Silben skandieren zu wollen, ist ein Unding".[108]

'Ρυϑμόσ (rhythmós) kommt von ρέω (rhéō): fließen. Im Griechischen bezeichnet es nicht nur das Gleichmaß, sondern im weiteren Sinn die Gestalt, die Form. Fließen, z.B. in der Bewegung des Wassers, kennt nicht nur das Gleichmaß, es kennt auch Stauungen, Stürze, wechselnde Tempi. Wie andre Erscheinungen, etwa die Lautmalerei, bietet der Rhythmus sich an, um etwas Inneres in das Materielle der Wörter und ihrer Gruppierungen zu übersetzen. Von der syntaktischen Formation, den Fugen und Pausen, geht die rhythmische Gliederung aus. „Der Rhythmus", sagt BEISSNER, „stellt sich [...] an den eigentümlichen Relationen zwischen den Wörtern und Wortgruppen dar, den Sinnabschnitten der Rede, wie sie durch die Wortstellung sich zusammenschließen nach immanenten Gleichgewichtsgesetzen."[109]

Er entwickelt das an einem Satzgefüge von KLEIST. Wir können nichts Besseres tun, als das Beispiel und seine Erläuterung zu übernehmen.

„Kohlhaas sucht in der Tronkenburg den Junker (S. 31):

[Aus einer Novelle von 1810]

[8] *Kohlhaas, dem sich, als er die Treppe vom Schloß niederstieg, die alte, von der Gicht geplagte Haushälterin, die dem Junker die Wirtschaft führte, zu Füßen warf, fragte sie, indem er auf der Stufe stehen blieb: wo der Junker Wenzel von Tronka sei? und da sie ihm, mit schwacher, zitternder Stimme, zur Antwort gab: sie glaube, er habe sich in die Kapelle geflüchtet; so rief er zwei Knechte mit Fackeln, ließ, in Ermangelung der Schlüssel, den Eingang mit Brechstangen und Beilen eröffnen, kehrte Altäre und Bänke um, und fand gleichwohl, zu seinem grimmigen Schmerz, den Junker nicht.*

Der ‚Inhalt‘ dieses Satzes, nachdem die vorigen gesagt haben, daß Kohlhaas den Junker suche: *Kohlhaas ... fand ... den Junker nicht.* Alles, was sich nun zwischen dem Subjekt und seinem Ziel an Hemmnissen auftürmt, gehört für den gestaltenden Dichter in einen einzigen Satz; denn für Kohlhaas ist das, was ihn treibt, nicht vielerlei – er tut nur eins: er sucht und sucht und sucht. Immer wieder heißt es auf diesen Seiten: *Kohlhaas ... fragte ...* – einmal beginnen (S. 34) zwei Sätze nacheinander so: *Kohlhaas, während ..., fragte sie ... Kohlhaas, indem er ..., fragte sie ...* Der Wortlaut der indirekt wiedergegebenen Frage, der einen immer wiederholten Frage Kohlhaasens, ist dreimal (S. 30, Z. 25f.; 31, 12; 34, 21f.) buchstäblich derselbe: *wo der Junker Wenzel von Tronka sei?* Dieses Drängen also durch stetes Hemmen zu steigern, kann der Dichter nicht gemächlich nacheinander berichten: Kohlhaas steigt die Schloßtreppe hinab. Die alte Haushälterin wirft sich ihm zu Füßen. Er fragt sie nach dem Junker. Sie gibt Antwort. Er ruft zwei Knechte. Sie dringen in die Kapelle ein, finden aber den Junker nicht. – Der eine Vorgang des Suchens (und Nichtfindens) würde sich zersplittern. Das Vielerlei der Hemmnisse und Irrwege muß darum die Satzteile, die den einfachen Hauptsatz formen würden, isolieren. *Kohlhaas ... fragte sie ...* – wen? die Haushälterin, das Subjekt des vorweg eingeschobenen Relativsatzes. Aber was kümmert den Dichter die ‚natürliche‘ Wortfolge! Könnte er überhaupt den Satz so beginnen: ‚Kohlhaas fragte die Haushälterin, die sich ihm, als er die Treppe vom Schloß niederstieg, zu Füßen warf ...‘? Alle drei Bestandteile des Hauptsatzes stünden ja dann unmittelbar beieinander: Subjekt, Prädikat, Objekt. Ja, betrachtet man den Nebensatz, der zugleich das Subjekt isoliert, genauer, so gewahrt man, daß auch in ihm jeder Satzteil durch neue

Einschübe vereinzelt wird: *dem sich … die alte, von der Gicht geplagte Haushälterin … zu Füßen warf.* Der Satz drängt von seinem Subjekt *Kohlhaas* zu seinem ersten Prädikat *fragte* hin, so wie Kohlhaas zur Auffindung des Junkers; aber die hemmenden Einschübe sind genau so zögernd, treiben genau so zur Ungeduld, stauen das Drängen genau so auf wie *die alte, von der Gicht geplagte Haushälterin, die dem Junker die Wirtschaft führte,* mit ihren langsamen Bewegungen und ihrer *schwachen, zitternden Stimme* die Ungeduld des suchenden Kohlhaas reizt und zum Überlaufen bringt. Es darf hier, wo alles drängt, nicht kurz heißen ‚die Haushälterin‘: es muß eine *alte, von der Gicht geplagte Haushälterin* sein, und an das Wort *Haushälterin,* Subjekt des sich gleich nach dem Subjekt des Hauptsatzes einschiebenden Relativsatzes, darf sich nicht sogleich das Prädikat dieses Relativsatzes *zu Füßen warf* anschließen: es muß sich ein neuer Relativsatz umständlich einschieben, obwohl jeder Leser sofort vermutet, es werde die Haushälterin des Junkers sein! Und obwohl es sich von selbst versteht, daß es der Beruf einer Haushälterin ist, die Wirtschaft zu führen, genügt hier nicht der einfachere Ausdruck *die alte, von der Gicht geplagte Haushälterin des Junkers,* der doch später (S. 61) durchaus genügt; aber da forscht nicht der rasende Kohlhaas, sondern, ohne Drang und Eile, der Junker Wenzel und seine Vettern Hinz und Kunz. Hier aber darf es nicht heißen: ‚dem sich … die alte … Haushälterin des Junkers zu Füßen warf‘, weil sonst Subjekt und Prädikat dieses Relativsatzes nicht getrennt wären: vielmehr muß sich ein neuer Relativsatz isolierend dazwischen schieben: *die … Haushälterin, die dem Junker die Wirtschaft führte, zu Füßen warf* – und weiter folgt auch die leitmotivisch wiederholte drängende Frage *wo der Junker Wenzel von Tronka sei?* nicht unmittelbar auf das anschließende Prädikat des Hauptsatzes *fragte sie:* ein neuer Nebensatz schiebt sich isolierend dazwischen: *indem er auf der Stufe stehen blieb,* und so geht es fort.“[110]

Verknotender Satzbau

Wir betrachten als erstes ein etwas älteres Beispiel, das einige Schwierigkeiten enthält. Die Schwierigkeiten sind solche des Sprachgebrauchs und gewisser Realien, die wir vorab zu erläutern haben. Auf der zweiten Stufe sind es solche der Analyse, die wir uns durch eine Tabelle erleichtern. Drittens schließlich sind es die exemplarischen Schwierigkeiten der Deutung, die ein derartiger Text dem Ermitteln der voluntas auctoris entgegenstellt. Um uns des Textes genau zu versichern, empfiehlt es sich, ihn zunächst in möglichster Klarheit nach Thema, Form, Inhalt und Aufbau zu kennzeichnen und kurz zu beschreiben, bevor wir versuchen, ihn stilistisch zu deuten.

Aus einem Roman von 1738

[9] *Dieser* [d. i. Elbenstein, der Held] *befand sich zwar in etwas betroffen, als er in das Zimmer hinein trat, und unter andern die Fräul. von G.* darinnen erblickte, doch er faßte sich alsbald wieder, und als er gegen die sämmtliche Compagnie seine*
5 *Complimenten vertauscht, sagte der Herr Geheimbde Rath, daß er längstens gewünschet mit dem Herrn von Elbenstein genauer bekannt zu werden, denn ob er gleich bereits offtermahls auf dem Schlosse zu seinem Wunsche zu gelangen Gelegenheit gesucht, so hätte er doch, weil er jedesmahl an der Fürstl.*
10 *Tafel zu speisen, nachhero mehrenteils mit der Durchl. Herrschafft l'Hombre spielen müssen, bis dato nicht zu der Ehre einer genauern Bekanntschafft gelangen können, wolte sich demnach das Glück seines öfftern werthen Zuspruchs inständig ausgebethen haben, insonderheit da ihm des von Elbensteins*
15 *Haus-Wirth, der Herr Professor M.* berichtet hätte, daß er im Studio nummismatico sonderlich erfahren, und zu Padua des berühmten Cavaliers und Professoris Caroli Patini (welcher sonst an einem gewissen Fürstl. Hofe in Schwaben, weil er aus dem dasigen Müntz-Cabinet einen genuinen Ottonem entführt,*
20 *ein schlechtes Lob erworben) Privat-Information in hoc scibili genossen, von welchem er gleichfalls ein starcker Liebhaber wäre.*

Anmerkungen zum Text
die Fräul. von G.*: wie der Zusammenhang zeigt, ein Singular – im 18. Jh. gebräuchlich.
zu speisen: das *zu* ist beim Lesen zu tilgen. Der Autor, der wohl anders fortfahren wollte – mit genöthiget gewesen oder dgl. – wird hier zum Opfer seiner eignen syntaktischen Manier.

l'Hombre: ein Kartenspiel für 3 bis 5 Personen.

Ottonem: lat. Akkusativ von Otto, nach einem der ottonischen Kaiser bezeichnete Münze; „[...] auch die Ottonen haben Römische Münzen mit ihren Bildnissen prägen lassen [...]" [D. Johann Georg Krünitz's ökonomisch-technologische Encyklopädie usw. 97. Th. (Münze und Münzwissenschaft). Berlin: Paulus 1805, S. 236]. Vgl. Louis d'or oder Maria-Theresien-Taler.

schlechtes Lob: GRIMMS »Deutsches Wörterbuch« verzeichnet als Beleg für die negative Verwendung des Wortes: „böses lob" bei L. SANDRUB: Kurzweil, 1618.

Kennzeichnung

Thema: Ein geheimer Rat bittet bei einer Geselligkeit einen Kavalier um seine nähere Bekanntschaft.

Form: Episodische Phase aus Bericht und Rede.

Inhalt (im ordo naturalis, L 47, 1): Elbenstein kommt in eine Gesellschaft. Die Gegenwart eines Fräulein von G. macht ihn anfangs betroffen, doch faßt er sich bald. Nach der Begrüßung eröffnet ihm ein Geheimer Rat, daß er schon längst den Wunsch nach näherer Bekanntschaft mit Elbenstein gehabt habe. Obliegenheiten bei der fürstlichen Herrschaft hätten ihn auf dem Schloß jedoch daran gehindert. Er bitte daher jetzt um das Vergnügen, und zwar besonders aus folgendem Grund: Er sei ein großer Liebhaber der Numismatik und habe von Elbensteins Hauswirt, einem Professor M., gehört, daß er, Elbenstein, in Padua über diese Wissenschaft von dem berühmten Carolus Patinus private Belehrung erhalten habe. Dieser Patinus habe sich übrigens an einem fürstlichen Hof in Schwaben durch das Entwenden eines echten ‚Otto' aus dem Münzkabinett einen üblen Ruf erworben.

Das Abweichen der Satzgliederung im Original von der natürlichen Folge der erzählten Momente – der ordo artificialis (L 47,2) – ist das hervorstechende stilistische Merkmal. Um zu erkennen, was sich im Hinblick auf die voluntas auctoris daraus ergibt, ist zunächst die besondere Art der syntaktischen Künstlichkeit zu bestimmen.

Aus dem Text ist nicht ersichtlich, ob die Parenthese (Z. 17–20) in die oratio obliqua 1. oder 2. Grades gehört, also der Geheime Rat oder der Hauswirt als ihr Gewährsmann erscheint. Für die Beurteilung ist das sekundär, da die Indiskretion des Geheimen Rates nicht geringer wird, wenn er sie nur übernimmt.

Aufbau (Strukturanalyse):

[Hs: Hauptsatz, Gs: Gliedsatz, sI: satzwertiger Infinitiv, n.: nach-
gestellt, e.: eingeschoben, konj.: konjunktional, rel.: relativ]

Abhängigkeitsgrad   1   2   3   4   5

Dieser . . . betroffen	Hs 1	
als . . . erblickte	Gs 1: n. konj. Temporalsatz	
doch . . . wieder	Hs 2 (mit Konjunktionskorrelat zu	
	zwar in Hs 1)	
und	Hs 3 (konj. verknüpft mit Hs 2: kopulativ)	
als . . . vertauscht	Gs 2: e. konj. Temporalsatz	
sagte . . . Rath	Hs 3 Fortsetzung	
daß . . . gewünscht	Gs 3: n. konj. Objektsatz	
(oratio obliqua I)		
mit . . . werden		sI: n. Konstruktion: Objekt
denn	Hs 4	(innerlich abhängig von Hs 3,
		konj. verknüpft: kausal)
ob . . . Schlosse		Gs 4: e. konj. Konzessivsatz
zu . . . gelangen		sI: e. Konstruktion:
		Attribut
Gelegenheit gesucht		Gs 4 Fortsetzung
so . . . doch		Hs 4 Forts. (mit Konjuktionskorrelat
		zu Gs 4)
weil . . . müssen		Gs 5: e. konj. Kausalsatz
bis dato . . . haben		Hs 4 Forts.
insonderheit . . .		Gs 6 n. konj. Kausalsatz
Haus-Wirth		
*der . . . M.**		Apposition
berichtet hätte		Gs 6: Forts.
daß . . . Patini		Gs 7: n. konj. Objekt-
(oratio obliqua II)		satz
(welcher . . . Schwaben		Gs 8: e. rel. At-
(oratio obl. I?, II?)		tributsatz
weil . . . entführt		Gs 9: e.
		konj. Kau-
		salsatz
ein . . . erworben		Gs 8 Forts.
Privat-Information . . .		Gs 7 Forts.
genossen)		
von . . . wäre		Gs 10: n. rel.
(oratio obl. I)		Attributsatz

Beschreibung

Die Periode bietet das Bild einer fortschreitenden syntaktischen Verwicklung: unter den 14 abhängigen Gebilden steht das entlegenste im Abhängigkeitsverhältnis 5. Nach anfänglicher parataktischer Reihung – drei Hauptsätze, nur zweimal durch Temporalsätze unterbrochen – setzt sich das Gefüge in eine komplexe hypotaktisch gegliederte oratio obliqua fort (die eine zweite oratio obliqua umschließt). Tragendes Element ist hier ein mehrfach durchbrochener innerlich abhängiger Hauptsatz (Hs 4) mit einem angefügten, dreifach verschachtelten und durch Parenthese aufgespaltenen Kausalsatz (Gs 6).

Auffallend ist die enge Verwebung der Sätze: konzessives Verhältnis von Hs 1 und 2 mit entsprechend geringer syntaktischer Zäsur (Komma), kopulative Verknüpfung von Hs 2 und 3 (Komma), inversionsbedingende Koppelung von haupt- und gliedsatzeinleitenden Konjunktionen (*und als, denn ob*), konjunktionskorrelative Verspannung von Hauptsatz (1) und Hauptsatz (2) (*zwar – doch*) und Gliedsatz (4) und Hauptsatz (4) (*ob [...] gleich – so doch*).

Ablesbar an den Spalten der Tabelle – Stellung, Verbindung, Funktion – treten als dominierend hervor: Insertion, Konjunktionalität, Kausalität. In der Regel sind dies die Symptome eines Stils, der Kompliziertes und Diffiziles durch Gliederung und Stufung, durch logisches Nuancieren zu bewältigen sucht, z.B. in den Distinktionen und Gründen eines Räsonnements oder bei der Wiedergabe eines verwickelten und vielschichtigen Sachverhalts. Hier aber geht es um ein alltägliches konventionelles Gespräch. Dies führt uns zurück auf den Inhalt und die voluntas auctoris.

Stilistische Deutung

An inhaltlichen Elementen enthält die Periode viererlei:

1. Elbensteins Betroffenheit beim Anblick des Fräulein von G.,
2. das Wiedergewinnen seiner Fassung,
3. das Entrichten seines Grußes an die Gesellschaft,
4. die Rede des Geheimen Rates, bei der sich wiederum eine Reihe von inhaltlichen Punkten unterscheiden läßt.

Zwei Fragen sind von daher zu stellen:

1) Was besagt die Verbindung dieser Momente zu einem einzigen syntaktischen Gebilde? Der Held überwindet *alsbald* seine Betroffenheit: Vermutlich wird ihm das erleichtert durch die Anwesen-

heit einer größeren Zahl von Gästen, die er zunächst begrüßt – wir stellen uns vor: in corpore. Daß der Geheime Rat ihn sofort in ein Gespräch verwickelt (was für ein Gespräch auch immer), dürfte ihm eher willkommen sein, da ihn dies in die Gesellschaft ‚resorbiert' und fürs erste vor weiterer Verlegenheit bewahrt. So betrachtet, erscheint der Zusammenschluß von Bericht und Rede in einem einzigen syntaktischen Gebilde als sinnvoll: Zügig wird der Held an Klippen vorbei in die rettenden Mäander des geheimrätlichen Redeflusses geschleust.

2) Was besagt es, daß die Rede selbst, mit der die syntaktische Verwicklung ja erst beginnt, so kompliziert und umfassend ist? Es besagt wohl dreierlei: Der Verfasser will den Leser spannen, er will ihn stilistisch beeindrucken, und er will den Redenden durch seine Sprechweise charakterisieren. Diese drei Tendenzen sind so eng miteinander verknüpft, daß sie sich kaum isolieren lassen. Das Spannen des Hörers, das Abwenden der Langenweile ist die gewöhnliche Aufgabe des ordo artificialis. Es wird erreicht durch die Art, wie der Geheime Rat das Entscheidende, sein Interesse an der Numismatik, bis zum Ende der langen Rede zurückhält. Das erzwingt die Aufmerksamkeit seines Zuhörers genau wie die des Lesers.
Zugleich wird dem Leser mit einem gattungstypischen Komplimentier-Paradestück imponiert. Der Redende erhält Gelegenheit, indem er um die nähere Bekanntschaft des Helden ersucht, mit den Floskeln der höfischen Konvention aufzuwarten (*Ehre, Glück, werth, inständig*) und eine syntaktische Kapriole von einiger Bravour zu vollführen. Der Verfasser, ein Hofagent, war offensichtlich bemüht, dem Rat und damit sich selbst diese Gelegenheit zu verschaffen; denn der Zusammenhang, der unsern Text umgibt, erweist die Rede als bloßes Mittel, um die Handlung in die nächste Situation zu bewegen. Als Motiv ist sie blind, und der Rat, überdies eine ephemere Figur, wird ohne weiteres aus der Handlung entlassen. Stärker als alle andern Tendenzen ist die Freude des Verfassers am Formalen, an der Virtuosität. In der Künstlichkeit liegt für ihn die Brillanz. Aus dem Fremdwort, der modischen Floskel und dem syntaktischen Schnörkel erwächst das Preziöse, das so bezeichnend ist für den galanten Roman.
Trotz des Stereotypen dieser Erscheinung ist eine Tendenz zur Charakterisierung des Geheimen Rats als präziser Figur zu erkennen. Das Beanspruchen der oratio obliqua für diese Charakterisierung setzt natürlich voraus, daß sie als genaue Entsprechung einer oratio recta zu betrachten ist – nicht als freies Referat des Verfas-

sers. Mit der stilistischen Nähe der beiden Redeformen – bis zum Rückfall aus der abhängigen Rede in die unabhängige – ist diese Voraussetzung in dem Roman erfüllt.

Durch seine Gewundenheit erscheint der Ausdruck zunächst devot. Das ist er nicht, denn Elbenstein ist der Jüngere und sozial der Geringere. Das Auszeichnende, das die erlesene Diktion für ihn hat, hat sie virtuell für jedermann von Stand: sie ist im Redenden habitualisiert. Sie ist aber nicht nur preziös, sondern auch diplomatisch-subtil. Der zweite Teil der Rede errichtet zwischen dem Wunsch nach näherer Bekanntschaft und seiner Begründung eine elegante und kunstvolle Brücke. Dank der syntaktischen Form vollzieht sich der Übergang vom Persönlichen zum Sachlichen gewissermaßen unmerklich. Die Erwähnung des Gewährsmannes und seines Verhältnisses zu Elbenstein (Hauswirt) und des Numismatikers Patinus als beiderseits bekannter Persönlichkeiten gehört noch in den Rahmen der gesellschaftlichen Konvention: Einreihung des Sprechers in ein System von Bekanntschaften. Gleichzeitig erklingt bereits das Motiv der Numismatik. In der Parenthese (Z. 17–20) sind dann Persönliches und Sachliches noch enger verknüpft: als Legitimierung und als redselige, sich ungezwungen gebende Vertraulichkeit. Als Legitimierung, denn der Sprecher zeigt sich hier als ein intimer Kenner sogar der personellen Geschichte der Numismatik. Und als Vertraulichkeit, denn das labyrinthische Perorieren entartet dabei zur Indiskretion. Hiermit ist die Charakterisierungstendenz präzisiert. Zur Routine, mit der sich der Geheime Rat im Rankenwerk der höfischen Redemanier ergeht, gesellt sich die Geschwätzigkeit. Es scheint, als sei ihm das eine wie das andre in langen Jahren des Dienstes zur zweiten Natur geworden. Indem sie die sprachlichen Gepflogenheiten der höfischen Diplomatie, das Kasuistische, das Umwegige und Winkelzügige in die gesellige Konversation übernimmt, wo es leerläuft, gewinnt die Figur des Geheimen Rates etwas Poloniushaftes.

Methodischer Exkurs

Wir haben versucht, hinter der komplizierten syntaktischen Struktur dieses Textes die stilistische Absicht des Verfassers zu erkennen. Wir haben dabei Vermutungen angestellt und Motivationen erschlossen, zu denen uns zwar der Text ermutigte und die er auch, wie wir meinen, nicht desavouiert. Wir müssen aber bedenken, daß unsrer Betrachtung der Hintergrund fehlte, der unausbleiblich die Beurteilung des Einzelnen modifiziert: die Kenntnis des Ganzen. So stellt sich manches als stilistische Absicht dar, was von der Kenntnis des Ganzen her als bloßes Klischee, als gedankenlose Manier, als Formalismus erscheint. Wir begegnen z.B. einer Redeweise wie der des Geheimen Rates auch in Zusammenhängen, wo sich keinerlei vergleichbare Charakterisierungstendenz bekundet. Das ändert nichts daran, daß eine solche Tendenz in diesem Fall zu erkennen ist. Sie gehört ins „Sinnprofil" (vgl. o. S. 7–9), auch wenn sie dem Verfasser beim Schreiben dieses Abschnitts nicht bewußt gewesen sein sollte, weil eine Sprache wie die des Geheimen Rats zu seinen Schreibgewohnheiten zählt. Es gibt keinen Grund, warum der Verfasser, darauf angesprochen, das Verständnis dieser Sprache an diesem Ort als Charakterisierungsmittel nicht hätte gutheißen sollen. Ihr Auftreten an Stellen, wo sie signifikant, und an andern, wo sie es nicht ist, erweist die Nützlichkeit einer Unterscheidung in objektive und subjektive voluntas auctoris (vgl. o. S. 32). Wer die stilistische Qualität dieses Werkes bestimmen wollte, müßte den Vorwurf der sprachlichen Fragwürdigkeit an Stellen erhärten, wo manierierter Ausdruck sich nicht, wie hier, in ein Sinnprofil fügt, das als vom Autor – mit wieviel Bewußtsein nun immer – verwirklicht gelten muß.

Schichtender Satzbau

Aus einem Roman von 1798

[10] *Wenn ich mir also, sagte Franz, eine der Thaten unsers*
Erlösers in ihrer ganzen Herrlichkeit denke, wenn ich die Apo-
stel, die Verehrungswürdigen, die ihn umgaben, vor mir sehe,
wenn ich mir die göttliche Milde vorstelle, mit der er lehrte und
5 *sprach; wenn ich mir einen der heiligen Männer aus der ersten*
christlichen Kirche denke, die mit so kühnem Muthe das Leben
und seine Freuden verachteten, und alles hingaben, was den
übrigen Menschen so viele Sehnsucht, so manche Wünsche
ablockt, um nur das innerste Bekenntniß ihres Herzens, das
10 *Bewußtsein der großen Wahrheit sich zu behaupten und andern*
mitzutheilen; – wenn ich diese erhabenen Gestalten in ihrer
himmlischen Glorie vor mir sehe, und nun noch bedenke, daß es
einzelnen Auserwählten gegönnt ist, daß sich ihnen das volle
Gefühl, daß sich ihnen jene Helden und der Sohn Gottes in
15 *eigenthümlichern Gestalten und Farben als den übrigen Men-*
schen offenbaren, und daß sie durch das Werk ihrer Hände
schwächeren Geistern diese Offenbarungen wieder mittheilen
dürfen: wenn ich mich dazu meiner Entzückungen vor herrli-
chen Gemählden erinnere, seht, so entschwindet mir meist aller

20 *Muth, so wage ich es nicht, mich jenen auserwählten Geistern zuzurechnen, und statt zu arbeiten, statt fleißig zu seyn, verliere ich mich in ein leeres unthätiges Staunen.*

Anmerkung zum Text
Der Redende ist ein Maler. Aus dem Text ist das nur zu erschließen. Bei den ‚Erwählten' ist zunächst an die verschiedensten Arten von Künstlern zu denken. Erst die *Gestalten und Farben, das Werk ihrer Hände* und die *Gemählde* verweisen auf die Malerei im besonderen.

Kennzeichnung

Thema: Ohnmacht eines Künstlers vor der Größe des Göttlichen und der Kunst der Erwählten.

Form: Bekenntnishafte Rede (aus einem Dialog).

Inhalt (précis): Überläßt sich der Redende dem Gedanken an die Taten und die Lehre des Erlösers, die Herrlichkeit der Apostel und der ersten Heiligen mit ihrer Opferwilligkeit und Bekenntnisseligkeit und weiter an einzelne Berufene mit der Gabe, den Geringeren diese Herrlichkeit durch Kunst zu offenbaren, und schließlich an seine Entzückungen vor herrlichen Gemälden, so überkommt ihn Verzagtheit. Er verzweifelt an seiner Berufung und verliert sich, statt zu arbeiten, in untätiges Staunen.

Die Reihenfolge der inhaltlichen Momente, wie der Text sie enthält, ist in der Zusammenfassung im wesentlichen gewahrt. Es wäre nicht leicht, sie zu verändern, ohne die Substanz zu verdunkeln: Wie die Untersuchung noch zeigen wird, ist das syntaktische Gefüge mit dem gedanklichen identisch.

Beschreibung

Die Periode ist beherrscht vom Prinzip der Reihung bzw. der Schichtung. Eine Kette von sechs asyndetisch-anaphorisch gestaffelten und verschieden entfalteten temporalen Konjunktionalsätzen (*Wenn ich* [...]) geht der gedrängteren Gruppe der Hauptsätze voraus, die das Gefüge beschließen. Auch hier – bei zwei der drei Hauptsätze und zwei der drei von ihnen umschlossenen Infinitivkonstruktionen – ist asyndetisch-anaphorisch gereiht (*so* [...], *so, statt* [...], *statt*).
Die Bauform ist also derjenigen in unserm letzten Beispiel entgegengesetzt: dort eine schwanzlastige Periode, hier eine kopflastige; dort Verwebung, hier Asyndetik; dort Verschachtelung hier Parallelismus. Zwar liegt auch hier eine hypotaktische Ver-

wicklung vor – das Abhängigkeitsverhältnis 4 wird erreicht – doch verhindert das Trägergerüst der asyndetischen Reihe, in das sie gehängt ist, den Eindruck einer prägnanten Verknotung.

Bemerkenswert ist die Strukturierung der Reihe. Aus der Zeichensetzung, die sehr abgestuft zäsuriert, ist die Gliederung ohne Mühe ersichtlich. Nach dem ersten Semikolon (Z. 5) erfolgt die erste hypotaktische Entfaltung, nach der Doppelinterpunktion (Z. 11) ihre Raffung in einem 're-statement', nach dem ungrammatischen Komma (Z. 12) eine neue Dimension der Betrachtung mit einer zweiten hypotaktischen Entfaltung, nach dem Doppelpunkt (Z. 18) eine weitere Dimension, die die erste und zweite überbauend vereint. Statt von Reihung wäre also besser von Schichtung zu reden oder, in der Sprache der Orgelmusik, von Terrassendynamik.

Untersuchen wir die syntaktische Gliederung im einzelnen, so zeigt sich ihre Identität mit dem gedanklichen Aufbau. Für die Kette der Temporalsätze ergibt sich das Schema: a b a; b' / (a b') // c (b' a): (b' a) d. Zunächst erscheint der *Erlöser* (a), sodann, als Umgebung, die *Apostel* (b), dann wieder der *Erlöser* (a). Damit ist die erste Gruppe geschlossen (Semikolon). Die zweite Gruppe entfaltet das mittlere Motiv aus der ersten: den Aposteln entsprechen, vielleicht sogar in Identität, die *heiligen Männer aus der ersten christlichen Kirche* (b'). Die dritte Gruppe (nach dem doppelten Zeichen) faßt die vorher Genannten, den *Erlöser* und die *Männer [...] der [...] Kirche* als *erhabene Gestalten* zusammen (a b'). Damit ist der erste größere Abschnitt geschlossen. Der zweite wird mitten im Kolon (nach dem ungrammatischen Komma) eröffnet durch das angefügte *und nun noch bedenke*. Vom Gegenstand der Kunst geht es über zu ihren Erzeugern (c). Die Verbindung zum Vorigen bleibt gewahrt durch das Bezeichnen ihrer Motive als *jene Helden und der Sohn Gottes* (b' a). Damit ist die erste Gruppe geschlossen (Doppelpunkt). In der zweiten wird wiederum zusammengefaßt, diesmal aber der ganze Komplex, denn die *Entzückungen vor herrlichen Gemählden* sind ebenso durch *jene Helden und den Sohn Gottes* erregt (also durch das bildnerische Motiv) wie durch die Leistungen der Künstler (b' a) d. Das wird besonders klar durch den Zusammenhang, aus dem die Periode hervorgeht.

Stilistische Deutung

Mit dem folgernden *also* im ersten Satz wird etwas Vorhergehendes wiederaufgenommen und weitergeführt. Es sind die Worte: „[...] eine Angst, eine Scheu, ja ich möchte es wohl eine Anbetung nennen, beides der Kunst, wie des Gegenstandes, den ich darzustellen unternehme". Damit sind die inhaltlichen Momente des Textes bereits vorab gesetzt. Es handelt sich also um das Auseinanderfalten, das Ex-plizieren, eines Motivs. Das ist wichtig für die stilistische Beurteilung, denn es entlastet die Periode von der Erscheinung des Überladenen und Richtungslosen, die sie, in der Isolierung, während der ersten vier Fünftel besitzt.

Das Paradox, daß gerade die Ehrfurcht – im doppelten Sinn der religio und admiratio –, als ein positives Vermögen der Seele, eine Verzweiflung bewirkt, projiziert sich als Spannung in die syntaktische Form. Zwischen der lebhaften, steigenden, sich erweiternden Bewegung der temporalen Nebensätze mit ihren Verzweigungen und der knappen, fallenden und verebbenden der Hauptsätze besteht dieselbe charakteristische Diskrepanz wie im Inhalt.

Inhaltlich sind einander gegenübergesetzt die Akte der Imagination und das faktische Tun: *denke, vor mir sehe, mir* [...] *vorstelle, mir* [...] *denke, vor mir sehe, bedenke, erinnere – arbeiten, fleißig* [...] *seyn.* Dieses inhaltliche Moment wird für den Satzbau bestimmend, so daß es uns leicht fällt, nach einer Forderung FRIEDRICH BEISSNERs das Äußere als Äußerung zu begreifen.[111] Wie die Imagination die reale Tätigkeit erdrückt: das wird nicht nur gesagt, sondern in der syntaktischen Gliederung inszeniert. In mächtiger dreifacher Schichtung erhebt sich über dem schmächtigen Motiv des Arbeitens die Masse der Varianten des Gegenmotivs, der Imagination.

Bezeichnend ist weiter die Parallelität in den hypotaktischen Entfaltungen (Z. 5 ff., Z. 12 ff.). Hier werden die *Auserwählten,* d.h. die Künstler, den *heiligen Männer*[n] an die Seite gerückt. Das geschieht zunächst vom Inhalt her. Die beiden Kernbegriffe, die den jeweiligen Komplex beherrschen, sind nahezu identisch: *das innerste Bekenntniß ihres Herzens* [...] *mitzutheilen: das volle Gefühl* [...] *mittheilen.* Das findet in der parallelen Strukturierung der beiden Komplexe seine syntaktische Entsprechung. Dieses Zusammenfallen der religiösen und der künstlerischen Dimension in der formalen Kongruenz bezeichnet den Punkt, wo Analyse und Interpretation ineinander verfließen.

Methodischer Exkurs

Unser Vorhaben beschränkt sich auf die Untersuchung des Satzbaus, weshalb wir hier abbrechen. Eine umfassende Analyse ist natürlich nicht erreicht. Wir benutzen die Gelegenheit, um wenigstens anzudeuten, in welcher Richtung sie zu unternehmen wäre.

Es handelt sich um einen gedanklichen Text. Das beherrschende thematische Material ist das Vokabular, das Empfindungen und Vorstellungen bezeichnet. Um die Art dieser Empfindungen und Vorstellungen zu erfassen, empföhle sich ein Untersuchen des Wortschatzes. Es wäre die Grundlage für eine Beurteilung des Textes als sprachlicher Beglaubigung einer geistigen und seelischen Haltung. Als Hinweis auf die Ergiebigkeit der Methode genügt ein Überblick über die charakteristischen Adjektive und Substantive: *kühn, herrlich, erhaben, heilig, himmlisch, göttlich; Milde, Wahrheit, Herrlichkeit, Glorie, Herz, Gefühl, Entzückungen, Offenbarungen.* Wie man sieht, wird vom Erhabenen und der Tiefe des Gemüts nicht gerade sehr sparsam Gebrauch gemacht.

Eine andere Frage, die sich von daher ergibt, wäre die Frage nach der Religiosität, um die es hier geht, oder, was fast dasselbe ist, nach dem Verhältnis von Religion und Kunst. Der Schöpfer des *Franz* hatte bekannt: „ich verehre die Kunst, ja ich kann sagen, ich bete sie an, es ist die Gottheit, an die ich glaube"[112]. Die Vermutung liegt also nahe, daß der Hintergrund des Heiligen in den Herzensergießungen des Malers nur installiert ist, damit die Sphäre der Kunst von daher ihr glorifizierendes Licht bezieht. Überhaupt erscheint der Text geeignet, um eine bestimmte Art von Kunstenthusiasmus – GOETHE sprach vom Sternbaldisieren[113] – daran zu erläutern. Das führt in literatur- und ideengeschichtliche Zusammenhänge, die wir hier nicht weiter zu verfolgen haben. Bemerkt sei aber, daß gerade in der Dichtung die textanalytische Untersuchung bei der Erforschung dieser Zusammenhänge von Wichtigkeit ist, da sie nicht nur die Begriffe, sondern mit dem sprachlichen Gepräge auch das ἦθος (ēthos) erfaßt, durch das die Äußerung ihr Relief und ihre Schattierung erhält.

Entfaltender Satzbau

Aus einem Essay von 1934

[11] *An das kretische Jahrtausend, das Jahrtausend ohne Schlacht und ohne Mann, wohl mit jungen Pagen, die hohe Spitzkrüge, und Prinzchen, die phantastischen Kopfputz tragen, doch ohne Blut und Jagd und ohne Roß und Waffen, an dies*
5 *Voreisenzeitalter im Tal von Knossos, diese ungeschützten Galerien, illusionistisch aufgelösten Wände, zarten artistischen Stil, farbige Fayencen, lange steife Röcke der Kreterinnen, enganliegende Taillen, Busenhalter, feminine Treppen der Paläste mit niederen breiten Stufen, bequem für Weiberschritte –: grenzt*

10 *über Mykene die dorische Welt. An den hettitischen Rassensplit-*
   ter mit Mutterrecht, weiblichen Herrscherinnen, Frauenprozes-
   sionen der arische Mann und die bärtigen Götter, an Blumen-
   stücke und Stuckreliefs die große Komposition und das Monu-
   mentale, grenzt diese Welt, die in unsere Bewegungen hinein-
15 *ragt und auf deren Resten unsere gespannten, erschütterten,*
   tragisch-fragenden Blicke ruhn: es ist immer das Sein, doch ganz
   gebannt; alle Vielfalt, doch gebunden; Felsenschreie, äschylei-
   scher Gram, doch Vers geworden, in Chöre gegliedert; es ist
   immer eine Ordnung da, durch die wir in die Tiefe sehen, eine,
20 *die das Leben einfängt auf gegliederten Raum, es erhämmert,*
   meißelnd ergreift, es als Stierzug auf eine Vase brennt –, eine
   Ordnung, in der der Stoff der Erde und der Geist des Menschen
   noch verschlungen und gepaart, ja wie in höchstem Maße einan-
   der fordernd, das erarbeiteten, was unsere heute so zerstörten
25 *Blicke suchen: Kunst, das Vollendete.*

Kennzeichnung

Eine dichterisch-bildhafte Evokation der kretischen und dorischen Welt aus der Sicht der Moderne – genauer: aus einer Sicht
von 1934. Reduziert auf ihren gedanklichen Inhalt, lautet sie so:
An die unkriegerische, artistisch verfeinerte Welt des kretischen
Jahrtausends grenzt über Mykene die dorische Welt: an die zarte
hethitisch-weibliche die monumentale der arischen Männer. Es ist
eine Welt der künstlerischen Bändigung und Ordnung, in der sich
das Stoffliche und Geistige durchdringen. Von der Kunst, die sie
hervorgebracht hat, ist der Mensch von heute noch immer betroffen; auf ihre Vollkommenheit richtet er aus seiner Zerstörung und
Erschütterung den Blick.

Das précis erweist wohl am deutlichsten die Unabdingbarkeit des Kunst-
charakters in diesem Text. Neben dem ersten Charakteristikum, dem
bildlichen Reichtum, fällt aus der Zusammenfassung auch das zweite
heraus: die hohe Künstlichkeit der syntaktischen Form, die nur in der
gegebenen Fülle des sprachlichen Materials zu verwirklichen ist. Das précis
hat den Gehalt nicht präzisiert, es hat ihn zerstört.

Beschreibung

Syntaktisch ist der Text in drei Gefüge von etwa gleichem
Umfang, aber wechselndem Inhalt und unterschiedlicher Bauform
gegliedert: 1. bis zum ersten Punkt (Z. 10), 2. bis zum Doppelpunkt (Z. 16), 3. bis Ende. Inhalt des ersten Gefüges ist die

kretische Welt, Inhalt des zweiten eine Kontrastierung der kretischen und dorischen, Inhalt des dritten die dorische. Das zweite und dritte Gefüge beziehn dann auch die Perspektive des Menschen der Gegenwart in die Darstellung ein.

(1.) Reduziert auf sein Gerüst – das heißt in diesem Fall: auf seinen Rahmen – lautet das erste Gefüge: *An das kretische Jahrtausend [...] grenzt über Mykene die dorische Welt.* In diesem Rahmen entfaltet sich, prismatisch zu einer Vielzahl von Facetten gebrochen, das Bild der kretischen Welt. Syntaktisch stellt sich diese Entfaltung als eine Kette von Appositionen und nachgestellten Attributen dar. Kompositorisch wird sie gestützt durch die teilweise oder vollständige Wiederholung der adverbialen Bestimmung, mit der das Gefüge beginnt – zunächst in der Anadiplose (L 250): *An das [...] Jahrtausend, das Jahrtausend,* dann in der anaphorischen Synonymie (L 282): *An das kretische Jahrtausend [...], an dies Voreisenzeitalter.*

(2.) Zur Kontrastierung erweitert, setzt die Entfaltung sich fort. Durch Verrückung und Bruch ist der syntaktische Zusammenhalt gelockert und fast schon gesprengt. Wie eine Fortsetzung der Aufzählungsreihe aus dem Vorhergehenden beginnt das Gefüge als strenge anaphorisch-parallel gebaute Ellipse (L 317): *An den hettitischen Rassensplitter [...] der arische Mann [...], an Blumenstücke [...] das Monumentale.* Unversehens, da längst nicht mehr erwartet, am Ende der vermeintlichen Ellipse, ‚bricht‘ aber plötzlich der ausgesparte Satzteil ‚herein‘: das Prädikat, verbunden mit einem neuen zusammenfassenden und überbauenden Subjekt: *grenzt diese Welt. Welt* ist das herübergenommene Subjekt aus dem ersten Gefüge, mit dem sich also dieses zweite aufs engste verschränkt. So sind die drei Worte eine nachträglich eingezogene Strebe, die zugleich unterstützt und verspannt.

(3.) Das dritte Gefüge ist durch den Doppelpunkt als aus dem zweiten hervorwachsend gekennzeichnet (wie das zweite aus dem ersten durch die fortgesetzte Anapher): *dorische Welt* wird auseinandergefaltet. Gestützt ist das Gefüge durch ein anaphorisch-anadiploseartiges Skelett:

> es ist immer das Sein,
> es ist immer eine Ordnung da,
>   eine,
>   eine Ordnung,

Bemerkenswert ist die Verschiedenartigkeit der Gliederung innerhalb der syntaktischen Gruppen. Bei gleichbleibendem Gedankenverhältnis (adversativ) formieren sich im ersten Abschnitt je zwei gekoppelte, sorgfältig gegeneinander ausgewogene Kommata zum Kolon. Das Verhältnis ist 1:1:2 –

$$
\begin{array}{ll}
\textit{immer das Sein} & \textit{doch ganz gebannt} \\
\textit{alle Vielfalt} & \textit{doch gebunden} \\
\left.\begin{array}{l}\textit{Felsenschreie,} \\ \textit{äschyleischer Gram}\end{array}\right\} & \left\{\begin{array}{l}\textit{doch Vers geworden,} \\ \textit{in Chöre gegliedert}\end{array}\right.
\end{array}
$$

An die übrigen Wirbel des oben bezeichneten syntaktischen Rückgrats schließt sich eine jeweils andere Fügung an; als Ganzes gehorchen aber diese Fügungen dem Gesetz der wachsenden Glieder (L 53, 1a).

Stilistische Deutung

Unser Text ist der erste Absatz eines längeren Essays. Stilistisch erfüllt er die Aufgabe, den Ton anzuschlagen und die Haltung hervortreten zu lassen, die den Essay bestimmen. Das wird erreicht in einem Satzbau von großer Elastizität. Ein flexibler, dünnwandiger Rahmen sichert dem Gefüge auch bei weitgehender syntaktischer Auflockerung seinen sprachlichen Halt. Tragendes Prinzip ist die Parataxe: nur einmal wird eine Abhängigkeit zweiten Grades erreicht. Reihung also, profiliert durch Parallelismus, Anapher und Anadiplose, beherrscht unsern Text. Wie wir gesehn hatten, sind die drei Gefüge durch stilistischen und inhaltlichen Zusammenhang miteinander verstrebt. Gleichzeitig sind sie durch verschiedne syntaktische Kontur – Klammer, versetzte grammatische Stütze, Skelett – variiert. So entsteht aus Parallelität und Kontrast, aus Lockerung und Geschlossenheit eine Einheit, die Einheit der Spannung. Das Spannungsreiche, die Anlage in großen Blöcken mit dem Rücken bis hart an die Grenze zum Bruch, das Ineinander von wuchshaft offener und architektonisch geschlossener Form, von freiem Ausgreifen und strenger Geometrie erinnert an die Toccatensprache Buxtehudes und des jungen Johann Sebastian Bach. Betrachten wir die Fügung im einzelnen, sind Härten und Spannungen auch hier zu erkennen. Wir finden z.B., daß *über Mykene die dorische Welt* an *enganliegende Taillen* und *Busenhalter* grenzt. Natürlich wäre es dumm, diese Beobachtung als kritischen Einwand zu benutzen. Sie setzt ja die Isolierung aus dem Zusammenhang voraus, und der Zusammenhang, der Ambiguitäten oder

Unstimmigkeiten ‚heilt' (Lausberg), ja, der mitunter semantische oder grammatische Identitäten überhaupt erst erhellt, nimmt derartiges ohne Gewaltsamkeit in sich auf.

Was liegt hier vor? Die *Röcke, Taillen* und *Busenhalter* sind mit den *Galerien, Treppen* und *Fayencen* Objektivierungen des artistischen Stils, in die er sich sozusagen auseinanderfaltet. Sein begrifflicher Umfang wird darin erweitert, so daß er neben der Kunst – vertreten durch Architektur und Keramik – auch andre charakteristische Bekundungen des Lebensgefühls – Kleidung und Mode – umschließt. Dieselbe stilistische Erscheinung liegt am Anfang des Satzes schon vor. Nur sind die Entfaltungen dort mit ihrem Motiv noch grammatisch verknüpft: *das Jahrtausend [...] mit jungen Pagen* usw. Zur Erläuterung möchte man etwa auf die Harmonielehre der klassischen Musik verweisen: Wie dort das dissonierende Element, um sich eingängig zu machen, zuvor in einer Konsonanz erscheine, so mildre sich auch hier die stilistische Härte durch das Herüberwirken der grammatischen ‚Konsonanz' vom Anfang des Satzes. Angesichts der großen stilistischen Kühnheiten des Verfassers nimmt sich allerdings eine solche Betrachtungsweise recht pedantisch aus. Überzeugender als Erklärung ist der Hinweis auf die Nähe zur Poesie. Auch die lyrische Dichtung liebt ja die Parataxe und die Lockerung des syntaktischen Gefüges. Sie löst das einzelne Element aus der grammatischen Verwebung und setzt es frei, so daß sich seine sinnliche Qualität, seine evokative Mächtigkeit, also sein Zauber, entfaltet. Hinzu tritt die Suggestion der Form, besonders des Rhythmus. Beides ist hier zu beobachten. Die Bündelung von Aufzählungsgliedern zu wechselnden Gruppen verfestigt sich zu einer rhythmischen Prägnanz, die mitunter schon den Vers, z. B. den Alexandriner, impliziert:

doch ohne Blut und Jagd [/] und ohne Roß und Waffen.

Hierzu fügt sich, daß die begriffliche Erweiterung, die wir erwähnten, nicht durch Definition erfolgt, sondern in Bildern. Durch die sinnliche Dichte und die Wirkungsintensität, die damit erreicht wird, ist der logische Zusammenhang durchaus nicht verschüttet. Das Einbeziehn auch der Kleidung und Mode unter die Äußerungen einer artistischen Gesinnung macht die Identifizierung eines Zeitalters mit einem Stil noch überzeugender. Als Wort steht der *Stil* in der Mitte seiner Entfaltungen, und als ihr Träger bildet er eine Stütze in dem Bogen *das kretische Jahrtausend: dies Voreisenzeitalter: artistischer Stil – dorische Welt.*

Versuchen wir auch hier, das Äußere als Äußerung zu begreifen, so wird uns das besonders leicht, denn die syntaktische Verwirklichung entspricht dem begrifflichen Inhalt genau. *Artistisch* und *farbig,* voller *Vielfalt* und doch *gebunden, gegliedert* wie die geschilderten Stile, besonders aber, durch seine Gliederung, wie der dorische, ist auch der Stil dieses Texts. Auch hier ist eine Fülle von *Stoff* und der *Geist,* der sie bezwingt; auch hier ist eine *Ordnung* und eine *große Komposition,* die ins *Monumentale* zielt; auch hier geht es um ein „Erarbeiten" von *Kunst,* um das *Vollendete.* Ein Wille zum Imperialen ist sichtbar, etwas Souverän-Ordnendes, das eine Fülle von Erscheinungen entwirft, um sie mit Energie und artistischer Kühnheit zusammenzuraffen und durch Gliederung zu bändigen.

Rede-Modell

Aus einem Schauspiel von 1781

[12] *Ich habe Langes und Breites von einer sogenannten Blut-*
liebe schwazen gehört, das einem ordentlichen Hausmann den
Kopf heiß machen könnte – Das ist dein Bruder! – das ist
verdollmetscht: Er ist aus eben dem Ofen geschossen worden,
5 *aus dem du geschossen bist – also sei er dir heilig! – Merkt doch*
einmal diese verzwickte Consequenz, diesen poßierlichen Schluß
von der Nachbarschaft der Leiber auf die Harmonie der Gei-
ster; von eben derselben Heimat zu eben derselben Empfin-
dung; von einerley Kost zu einerley Neigung. Aber weiter – es
10 *ist dein Vater! Er hat dir das Leben gegeben, du bist sein Fleisch,*
sein Blut – also sey er dir heilig. Wiederum eine schlaue Konse-
quenz! Ich möchte doch fragen, warum hat er mich gemacht?
doch wol nicht gar aus Liebe zu mir, der erst ein Ich werden
sollte? Hat er mich gekannt ehe er mich machte? Oder hat er
15 *mich gedacht, wie er mich machte? Oder hat er mich*
gewünscht, da er mich machte? Wußte er was ich werden
würde? das wollt ich ihm nicht rathen, sonst möcht ich ihn dafür
strafen, daß er mich doch gemacht hat! Kan ichs ihm Dank
wissen, daß ich ein Mann wurde? So wenig als ich ihn verklagen
20 *könnte, wenn er ein Weib aus mir gemacht hätte. Kann ich eine*
Liebe erkennen, die sich nicht auf Achtung gegen mein Selbst
gründet? Konnte Achtung gegen mein Selbst vorhanden seyn,
das erst dadurch entstehen sollte, davon es die Voraussetzung
seyn muß? Soll ich ihm etwa darum gute Worte geben, daß er
25 *mich liebt? das ist eine Eitelkeit von ihm, die Schoossünde aller*
Künstler, die sich in ihrem Werk kokettieren, wär es auch noch
so heßlich. – Sehet also, das ist die ganze Hexerey, die ihr in
einen heiligen Nebel verschleyert, unsere Furchtsamkeit zu miß-
brauchen. Soll auch ich mich dadurch gängeln lassen wie einen
30 *Knaben?*

Frisch also! mutig ans Werk! – Ich will alles um mich her
ausrotten, was mich einschränkt daß ich nicht Herr bin. Herr
muß ich seyn, daß ich das mit Gewalt ertrotze, wozu mir die
Liebenswürdigkeit gebricht.

Anmerkungen zum Text:
erkennen Z. 21): anerkennen; *Schoossünde* (Z. 25): Lieblingssünde.

Dieses Urteil über den „Unsinn der *sogenannten Blutliebe*" ist das Ende eines längeren Monologs. Der Redende ist ein Grafensohn, dem Vater und älterer Bruder beim Erlangen der Herrschaft und eines Mädchens im Weg sind, das schon dem Bruder gehört. Er beginnt mit einem Ausfall auf die Natur, die ihm die Vorzüge der Erstgeburt und der Schönheit versagt hat: „Warum bin ich nicht der erste aus Mutterleib gekrochen? [...] Warum mußte sie mir diese Bürde von Häßlichkeit aufladen?" Hieran ist zu denken, wenn es über den Vater heißt: *Wußte er was ich werden würde? das wollt ich ihm nicht rathen, sonst möcht ich ihn dafür strafen, daß er mich doch gemacht hat.* Wir hören hier den mißgestalteten Herzog von Gloucester: "But I, that am not shap'd for sportive tricks [...] / I am determined to prove a villain" (»Richard III.« I,1) und Edmund, den Bastard: "Wherefore should I / Stand in the plague of custom [.../] Legitimate Edgar, I must have your land" (»King Lear« I,2).

Ist SHAKESPEARE die stoffliche Quelle, so ist die formale das Muster der Rede. Redner, Publikum und „Situationsmächtiger" (L 5) sind dabei eins. Untersucht wird die Frage, ob die allgemeine Vorstellung von der *Blutliebe* vernünftig sei und man sich daran halten solle: Die Rede vertritt das genus deliberativum (L 22,2). Ordnungsgemäß erscheint zunächst, in der propositio, das Beweisziel: Die allgemeine Vorstellung von der Blutliebe ist falsch. Das drückt sich mittelbar aus, durch den Ton: *Langes und Breites von einer sogenannten Blutliebe schwazen gehört.* Das ist die Darlegung (das docere). Die folgende argumentatio enthält die Durchführung des Beweises (das probare) mit der Widerlegung der befehdeten Ansicht (der refutatio). Hierbei wird die Blutliebe zuerst als Bruderliebe (probatio 1), danach als Vaterliebe (probatio 2) behandelt. Im Schlußteil, der peroratio, wird das argumentierend Geklärte als mit der propositio übereinstimmend und damit als sicher (als certum) konstatiert: *Sehet also, das ist die ganze Hexerey* [...] (vgl. L 43; 2, 3).

Das rednerische Verfahren stellt sich zunächst als die Technik der Enthüllung, des debunking, dar. So nennt man in Amerika das Zerstören einer falschen Gloriole. Vom debunking spricht etwa BRECHT, wenn er dem Schriftsteller in der Diktatur die Methode empfiehlt, das gefühlsbeladene und vernebelnde Wort der Unterdrücker durch ein nüchternes, sachliches zu ersetzen: Volk durch Bevölkerung, Boden durch Landbesitz, Disziplin durch Gehorsam[114]. *[V]erdollmetscht* aus der Sprache der *Hexerey*, die die Dinge *in einen heiligen Nebel verschleyert*, in die ordinäre, aber ‚vernünftige' und ‚ehrliche' des täglichen Lebens wird auch hier: aus dem genus sublime in das zum Lehren und Beweisen geeignete genus humile (L 466), das auch das verbum sordidum, den mot vulgaire nicht verschmäht: *aus eben dem Ofen geschossen* statt von derselben Mutter geboren, *gemacht* statt gezeugt. Der Argumentation wird damit der Anschein des Nüchternen und Vernünftigen gegeben, das sich vorteilhaft von der verblasenen Mystik, die zu entlarven ist, unterscheidet. Einem *ordentlichen Hausmann*, also dem biederen, einfältigen Mann mit dem Alltags- und Hausverstand sei diese Mystik zwar geeignet, *den Kopf heiß* zu *machen*; daß aber keine *Consequenz* darin sei, wird durch Syllogismus (L 370) ‚bewiesen' – und dies ist die zweite Technik, die Technik der Spiegelfechterei:

propositio: Der Bruder braucht mir nicht heilig zu sein.
praemissa maior: ‚Heiligkeit' setzt Harmonie der Geister voraus.
praemissa minor: Bruderschaft verbürgt noch nicht Harmonie.
conclusio: Also braucht mir der Bruder nicht heilig zu sein.

Die erste und wichtigste Prämisse ist falsch. Dies zu verdecken ist die besondere Leistung der Rhetorik. Dazu gehört zunächst, daß der Redner sich hütet, die Prämisse als solche zu formulieren. Sie wird vielmehr nur impliziert, was sie der Kontrolle des Verstandes nach Möglichkeit entzieht. Dafür wird die zweite Prämisse, die richtig ist, mit um so größerer Ausführlichkeit und geradezu genußvoll *expliziert*. Natürlich ist der *Schluß von der Nachbarschaft der Leiber auf die Harmonie der Geister* „poßierlich". Nur setzt ihn die befehdete Meinung nicht unbedingt voraus. Seine Verhöhnung als *verzwickte Consequenz* überdeckt, daß etwas ganz anderes zu widerlegen gewesen wäre: daß der Bruder mir *heilig* sei, weil er mein Nächster ist: das Urbild des Nächsten. So wird erreicht, daß sich der Hohn auf die Absurdität einer unhaltbaren Meinung (die niemand vertreten hat) ergießt, als ergösse er sich über das logisch zu Besiegende und Besiegte.
Die logische Gebrechlichkeit wird durch besonderes rhetorisches Raffinement überspielt. Der Passus erscheint als elegant gebaute, schlanke und rhythmisch faszinierend gegliederte Periode (Z. 5–9). Der Parallelismus der eröffnenden Zweiergruppe (*diese verzwickte Consequenz, diesen poßierlichen Schluß*) fließt über in den behenden, gelenkigen Lauf der parallel geordneten Dreiergruppe. In deren Außengliedern geht der Parallelismus von der strengen grammatischen Korrespondenz bis in die ‚metrische' Symmetrie:

wobei die Symmetrie von den Akzentverhältnissen der Dreisilbler chiastisch umspielt wird. Rhythmisch variiert, durch den Wechsel von oxytonischem und ‚adonischem' Schluß, ist auch der Parallelismus im Endglied: *von einerley Kost* [(x)x́xxx́] *zu einerley Neigung* [(x)x́xxx́]. Auch die variierende Skala von Artikel, Demonstrativum und Numerale erhöht die Lebendigkeit und Farbigkeit: *der – eben derselben – einerley*. Dispositorische und rhythmische Subtilität, das Elastische der Phrasierung, das suggestive accelerando verbinden sich zu einem Elan, dem man nur schwer widersteht.

Effektvoll wird die Entwicklung der zweiten probatio parallel zu der der ersten gehalten. Dieselben Wendungen tauchen auf, in der propositio wie in der Einleitung der refutatio. Die Argumentation ist logisch genauso defekt und rhetorisch genauso geschickt. Sie ruht auf der rhetorischen Frage: *Kann ich eine Liebe erkennen, die sich nicht auf Achtung gegen mein Selbst gründet?* und auf der weiteren: *Konnte Achtung gegen mein Selbst vorhanden seyn, das erst dadurch entstehen sollte, davon es die Voraussetzung seyn muß?* Das Selbst, so wird hier argumentiert, hat nur sich selbst zur Voraussetzung, hängt von nichts ab und kann daher auch nur gedacht werden, nachdem es sich, aus sich selbst, gebildet hat. Da dies bei der Zeugung und bei der Geburt nicht der Fall war, kann es einen Anspruch des Vaters auf Liebe nicht geben. Hier wird mit anderen Worten eine unmögliche Voraussetzung konstruiert, um zu einem gewünschten Ergebnis zu kommen. So spricht der häßliche, mißratene Sohn, der es nicht wahrhaben will, daß ein Vater auch das Häßliche, Mißratene noch liebt (*hat er mich gewünscht, da er mich machte?*). Daß er geliebt wird, gibt er zwar zu, aber er ‚entlarvt' diese Liebe als Eitelkeit – was ihm um so leichter fällt, als er wissen muß, wie wenig er sie verdient. Er ist es selbst, der diese Liebe zur Eitelkeit macht.

Auch hier entwickelt die Rede im Stakkato der rhetorischen Fragen, den insistierenden Wiederholungen (*machte*) und geschmeidigen Parallelismen eine Dynamik, die „die etwaigen Lücken der intellektuellen Überzeugung" (L 68) höchst agil überspielt. Was aus einer unmöglichen Voraussetzung gefolgert wurde, erscheint als Beweis: *das ist die ganze Hexerey*. Noch gravierender ist es – und hier erfolgt nun der entscheidende sophistische Trick –, daß die peroratio weit mehr enthält als die inzwischen ‚erhärtete' propositio. Außer der Unhaltbarkeit der Blutliebe als einer Idee –

quae erat demonstranda – wird auch ihre Zweckhaftigkeit, ihr Unterdrückungscharakter behauptet. Das Heilige an ihr erscheint als die eigennützige Erfindung von Vätern und erstgeborenen Söhnen, um die jüngeren Söhne in *Furchtsamkeit* zu halten und *wie* [...] *Knaben* zu *gängeln*. Diese Behauptung, obwohl der Entschluß zum Handeln aus ihr hervorgeht, ist durch die Beweisführung durchaus nicht gedeckt. Gesetzt nämlich, daß es wirklich für die Liebe zu Vater und Bruder keine Gründe gebe: bin ich deshalb im Recht, wenn ich Gewalt gegen sie brauche?

Mit dem Signal zur Aktion geht der Text über das Plädoyer und die Redesituation hinaus. Wie der Redner in diesem Monolog sein eigenes Publikum ist, so ist er auch der Situationsmächtige, der die Vollmacht zum Handeln im Sinne der Rede erteilt. Bei der Personalunion von Anwalt und Situationsmächtigem besteht an der Entscheidung kein Zweifel. Sie liegt von vornherein fest. Das Ganze ist nur ein Schattengefecht. Das Wort von der *Gewalt* macht das deutlich. Wer sich wie hier dazu bekennt, ist nicht durch einen „Bewegungsgrund" geleitet, sondern, in der Sprache IMMANUEL KANTs, durch eine „Triebfeder"[115]. Im Fall unseres Redenden erhalten die ‚Gründe', die er bemüht, ihre scheinbare Schlüssigkeit von einer raffinierten Rhetorik: dem Blend- und Feuerwerk eines beweglichen, funkelnden und faszinierenden Geistes.

Rhetorisierung

Das Rhetorische ist natürlich nicht an die Situation der Rede als eines mündlich Vorgetragnen gebunden. Es ist ein allgemeines stilistisches Element, das seit der Antike die europäischen Literaturen durchwirkt. Besonders deutlich tritt es bis in die Epoche des Barock und noch der Aufklärung hervor. „Dichten hieß damals, vorgegebene Gedanken in bereitstehende Formen einkleiden; also eine bestimmte lit. Gattung schrieb gleichsam die Haltung des Dichters vor u. wies ihn an die zu verwendenden Kunstmittel."[116] Wir wählen ein Beispiel, bei dem sich als selbstverständliches Kunstmittel die Rhetorisierung dem Autor empfahl.

Aus einem Roman von 1738

[13] *O! meine schmertzlichen Regungen! die ihr den Freuden-Morgen meines Hertzens in eine jammervolle Trauer-Nacht verwandelt; indem du Fladder-Geist mit deinen bezaubernden Schmeicheleyen, meine Seele zu verblenden gesucht hast, damit sie nochmals deiner Grausamkeit zu Fusse fallen müsse. Nun, nun!*

berühme dich nur immerhin, daß du über ein solches Hertze triumphiret hast, welches niemals von den Pfeilen der Liebe verletzt werden können. O! ihr ungetreuen Buchstaben! O! treulose Zeichen einer falschen und verlogenen Hand, die ihr mir auf einem leichten Blate, an statt einer mit Nectar angefüllten Schaale, einen Gifft-Trunck reichet, wodurch alles mein Vergnügen ertödtet wird. Ach mein Elbenstein! so handelst du so übel mit meiner aufrichtigen und ungefärbten Treue und Liebe, welche du jederzeit rein und unbefleckt an mit [mir] empfunden hast! So verbirgest du, gleich einer schädlichen Blume die Natter deiner arglistigen Aufführung, damit ich durch die Wuth deiner Falschheit möge getödtet werden. Ey nun! reise nur hin, begib dich immer hinweg, eile von mir, damit ich dich nimmermehr wieder sehen möge, der du in der Werckstadt deiner Treulosigkeit das Schwerdt geschmiedet hast, womit mein gröstes Vergnügen gefället werden muß.

Diese bewegliche vorwurfsvolle Klage einer verlassenen Liebenden an ihren Geliebten ist derselben Quelle entnommen wie unser Text [9]. Es ist ein Briefmonolog – hier um das letzte Viertel gekürzt –, mit dem der Verfasser sich wiederum die Gelegenheit zu einem rhetorischen Prunkstück verschafft.

Die Schreiberin, die er zur Heroine hinaufzustilisieren versucht, ist eine „gebohrne Prinzessin". Die Voraussetzungen sind dem Leser bekannt. Der Verfasser kann sich also ganz auf das Wirkungshafte, den Affekt und den Effekt, konzentrieren. Damit hängt es zusammen, daß wir den Sachverhalt, der hier zugrunde liegt, aus den Wirbeln der Erregung und dem Gestrüpp der Beredsamkeit erst herauslösen müssen: Die Liebende hat von ihrem Geliebten den Abschiedsbrief erhalten. Ihr Verhältnis zu ihm wird aus der Beteuerung klar, daß sie außer ihm noch niemand wahrhaftig geliebt habe, von ihm aber schon einmal enttäuscht worden sei. Im Ton einer heftigen Erregung beklagt sie (1.) ihr Ungemach, zeiht (2.) ihren Geliebten der Falschheit und vorsätzlichen Grausamkeit, setzt (3.) seiner Untreue die eigene Treue gegenüber und erteilt ihm (4.) auch ihrerseits den Abschied.

Kennzeichnend für das Erregte und Heftige des Tons ist die Vielzahl der Ausrufe (9), Interjektionen (*O!, Ach, Ey nun!* usw.: 6) und besonders der Wiederholungen. Kennzeichnend für die erstrebte rhetorische Höhe ist die bemerkenswerte Blumigkeit der Sprache mit ihrem Hang zu bravouröser Metaphorik.

Die variative Wiederholung hat zweierlei Form. Erstens erscheint sie als einfache synonymische Doppelung, und als solche ist sie dekorativ: *Treue und Liebe* (dies noch in der Art eines

Hendiadyoin, L 305), *falsch und verlogen, aufrichtig und unge-
färbt, rein und unbefleckt.* Die stilistische Absicht geht hier auf den
Schmuck (ornatus) durch Fülle. Zum copiosum dicendi genus (L
166,7) gehört auch die Tendenz, fast jedes Substantiv mit einem
Attribut zu versehn. Bei isolierter Betrachtung des Textes ist man
geneigt, in dieser Doppelung als solcher bereits eine steigernde
Wirkung im Sinn des Affekts zu erkennen, nicht nur das Kennzeichen einer erstrebten stilistischen Höhe. Vom Gepräge des Ganzen
her erweist sich die Erscheinung indessen als stereotyp: ein bloßes
rhetorisches Füllsel.

Zweitens aber erscheint die Wiederholung – wo sie nämlich
instrumental verwandt wird – in der Tat als ein Mittel zur emphatischen Überhöhung: *reise nur hin, begib dich immer hinweg, eile
von mir.* Was zunächst noch ein Abreisen ist, wird in stufenweiser
Verschärfung zum Davoneilen berichtigt (klimaktische Synonymie
als verdeckte correctio, L 283,2). Ein ganzes Bündel rhetorischer
Figuren liegt dann im folgenden vor: *ungetreue Buchstaben, treulose Zeichen einer falschen und verlogenen Hand. Buchstaben* für
Brief, das ist Synekdoche (pars pro toto, L 200), ungetreue Buchstaben für Buchstaben eines Ungetreuen: Hypallage (L 315). Die
Härte, das etwas Kryptische dieser Wendung wird durch erläu-
ternde Umschreibung gemildert (glossierende Synonymie, L 284).
Das geschieht aber wiederum mit Hilfe derselben Figuren, z. T.
sogar in Häufung: *Zeichen* für *Buchstaben*: Synekdoche vom
Weiteren (L 193), *treulose Zeichen* statt Zeichen eines Treulosen
und *falsche* […] *Hand* statt Hand eines Falschen: Hypallage. Was
wird damit erstrebt? Eine Überraschung, ein Blenden und Frappie-
ren durch stilistische Kühnheit. Mit den Worten *O! ihr ungetreuen
Buchstaben!* ist das Umschriebene, der Scheidebrief des Geliebten,
mehr verhüllt als erhellt, und erst das synonymische Variieren
bringt Klarheit. Dieses Verfremden und Wieder-Verdeutlichen ist
ein Schmuck (ornatus), ein „Luxus", der die Schönheit der sprachlichen Äußerung bezweckt (vgl. L 162).

Damit sind wir beim zweiten Charakteristikum dieses Stils, der
Metaphorik. Auch sie dient dem Schmuck. Wenn die *Buchstaben*
der Leserin auf dem *Blate* […] *einen Gifft-Trunck* reichen, ist das
allerdings ein pretiosum von einiger Komik. Dieses Bild ist nicht
gesehn, sondern erklügelt, nicht erlebt, sondern gesucht. Und das
Verstandesmäßige, Mechanische ist es auch, was an einer Reihe
weiterer Erscheinungen so unfreiwillig belustigt. An der Verbindung von abstraktem und bildlichem Ausdruck: *die Natter deiner
arglistigen Aufführung; die Seele,* die der *Grausamkeit zu Fusse*
fällt. Am Ineinander von Vergleich und Metapher: *So verbirgest*

du, gleich einer schädlichen Blume die Natter deiner arglistigen Aufführung, wobei aus dem Vergleich die Metapher hervorwächst (*Natter*), die des weiteren zurücksinkt auf die Ebne des verbum proprium. Am allegoresenartigen Erweitern des metaphorischen Ausdrucks zu einer ganzen Girlande: *der du* [1] *in der Werckstadt deiner Treulosigkeit* [2] *das Schwerdt geschmiedet hast,* [3] *womit mein gröstes Vergnügen gefället werden muß,* ebenfalls mit dem Zurücksinken auf die Ebene des abstrakten proprium. Man glaubt hier parodistische Züge zu erkennen, doch ist das alles seriös und pathetisch gemeint.

Sonderbar mutet auch das Nebeneinander von Metaphern und Wendungen heterogener sprachlicher Herkunft an. Unter die Klischees der Liebespoesie, die sich von der Antike bis in die galante Epoche vererbt hatten: *über ein [...] Hertze triumphiret, Pfeile der Liebe, mit Nectar angefüllte Schaale* mischt sich das Vokabular des evangelischen Chorals, das Luther-Deutsch: *Freuden-Morgen, Trauer-Nacht, Fladder-Geist.*

Versuchen wir indessen, die Tirade ihres rhetorischen Kostüms zu entkleiden, so zeigt sich auch etwas Echtes darin. Die Klage, die der Anklage vorausgeht, das Durcheinander von Beteuerungen und Vorwürfen, die Beschuldigung der Flatterhaftigkeit und des Gleisnerischen, das dann zu Arglist und absichtsvoller Grausamkeit überspannt und verdreht wird, der Ton der Innigkeit, der unvermittelt in dem *Ach mein Elbenstein!* erklingt: der Widerstreit der Gefühle – es ist ein Bild, das dem Zustand einer gekränkten, empörten und aufs tiefste verwundeten Liebenden durchaus entspricht und selbst durch die rhetorische Überwucherung hindurch den Leser berührt.

Was den Text in seinem sprachlichen Wert beeinträchtigt, sind die unzureichenden Mittel, mit denen der Verfasser versucht, nach der Konvention des galanten Romans den eingeschalteten Brief zum rhetorischen Prunkstück zu machen. Die unzureichenden Mittel: d.h. das Unbeholfene und Mechanische des Verfahrens, mit dem die Attitüde der großen Leidenschaft demonstriert wird. Statt von künstlerischem Takt ist der Verfasser von naivem Vertrauen in die Unfehlbarkeit rhetorischer Mittel geleitet. Er benutzt sie allzusehr als Kavalier, übertreibt und häuft, statt zu wählen. Der Eindruck, der sich daraus ergibt, ist das Paradoxon des Ungeschickt-Virtuosen. Der Autor will stimulieren, aber sein Stimulans, das Bravourös-Hyperbolisch-Pathetische, wird gerade durch die Überdosierung geschwächt. – Möglich allerdings, daß es bei einem zeitgenössischen Publikum seine Wirkung noch tat.

Neben der Redesituation, die sich am ehesten naturgemäß im Drama ergibt, und der Ethopoeie, dem rhetorisierten gedichteten Brief im Gefolge der Heroinenbriefe OVIDS, besitzt die Literatur ein ganzes Arsenal von Erscheinungsformen des Oratorischen: die echte, vor Zuhörern gehaltene oder – wie öfter bei CICERO – diese Situation fingierende Rede, die Rede eines Berühmten in der schriftstellerischen Bearbeitung des Geschichtsschreibers, z.B. bei THUKYDIDES, die Predigt, den Aufruf, das Pamphlet, die Kampfschrift usw. Seltener, besonders im Norden, sind dagegen Schriften, die bei diskursiver oder essayistischer Anlage die Züge des Rednerischen tragen, das sich also, wie beim folgenden Text, nicht aus einem Formgesetz, sondern aus dem Temperament des Verfassers erklärt.

Aus einem Aufsatz von 1773

[14] *Lear, der rasche, warme, edelschwache Greis, wie er da vor*
seiner Landcharte steht, und Kronen wegschenkt und Länder
zerreißt – in der Ersten Scene der Erscheinung trägt schon allen
Saamen seiner Schicksale zur Ernte der dunkelsten Zukunft in
5 *sich. Siehe! der gutherzige Verschwender, der rasche Unbarm-*
herzige, der kindische Vater wird es bald seyn auch in den
Vorhöfen seiner Töchter – bittend, betend, bettelnd, fluchend,
schwärmend, segnend, – ach, Gott! und Wahnsinn ahndend.
Wirds seyn bald mit blossem Scheitel unter Donner und Blitz,
10 *zur untersten Klaße von Menschen herabgestürzt, mit einem*
Narren und in der Höle eines tollen Bettlers Wahnsinn gleich-
sam pochend vom Himmel herab. – Und nun ist wie ers ist, in
der ganzen leichten Majestät seines Elends und Verlassens; und
nun zu sich kommend, angeglänzt vom letzten Strale der Hoff-
15 *nung, damit diese auf ewig, ewig erlösche! Gefangen, die todte*
Wohlthäterin, Verzeiherin, Kind, Tochter auf seinen Armen!
auf ihrem Leichnam sterbend, der alte Knecht dem alten Könige
nachsterbend – Gott! welch ein Wechsel von Zeiten, Umstän-
den, Stürmen, Wetter, Zeitläuften! und alle nicht blos Eine
20 *Geschichte – Helden und Staatsaktion, wenn du willt! von*
Einem Anfange zu Einem Ende, nach der strengsten Regel
deines Aristoteles; sondern tritt näher, und fühle den Men-
schengeist, der auch jede Person und Alter und Charakter und
Nebending in das Gemälde ordnete. Zween alte Väter und alle
25 *ihre so verschiedne Kinder! Des Einen Sohn gegen einen betrog-*
nen Vater unglücklich dankbar, der andre gegen den gutherzig-

sten Vater scheuslich undankbar und abscheulich glücklich. Der
gegen seine Töchter! diese gegen ihn! ihre Gemal, Freier und alle
Helfershelfer im Glück und Unglück. Der blinde Gloster am
30 *Arm seines unerkannten Sohnes, und der tolle Lear zu den*
Füssen seiner vertriebnen Tochter! und nun der Augenblick der
Wegscheide des Glücks, da Gloster unter seinem Baume stirbt,
und die Trompete rufet, alle Nebenumstände, Triebfedern,
Charaktere und Situationen dahinein gedichtet – Alles im Spiel!
[...]

Anmerkungen zum Text
wird es bald seyn (Z. 6): nämlich ein rascher, warmer, edelschwacher Greis,
ein gutherziger Verschwender usw.
Und nun ist wie ers ist (Z. 12): Und nun ist er das alles (so), wie er's ist.

Der Text ist einer Schrift mit dem Titel »Shakespear« entnommen, die der Verfasser als Aufsatz bezeichnet (S. 214). Die Fragen,
die er darin behandelt, sind dieselben, die schon LESSING im
17. Literaturbrief (1759) erörtert hatte: die Rolle der Franzosen
und der Alten als dramatischer Vorbilder, die ‚Regeln‘ des ARISTO-
TELES, die Elisabethaner und SHAKESPEARE und das Verhältnis, in
dem das alles zueinander steht.

Zwar ruft er dabei aus: „ich bin kein Mitglied aller unsrer Historischen,
Philosophischen und schönkünstlichen Akademien [...]!" (S. 229), doch ist
er es, der als erster die geschichtliche Perspektive in die Erörterung ein-
führt, die dadurch gerade historisch-philosophisch und ästhetisch sehr
vertieft wird. Ein literaturgeschichtlicher Aufsatz also – aber in welchem
Ton und aus welchem Impuls! Statt die „Bibliothek" zu vermehren, die
über SHAKESPEARE schon geschrieben worden sei, wozu er beteuert, „auf
keine Weise Lust" zu haben, will der Autor seine Leser befähigen, SHAKE-
SPEARE „zu fühlen, wie er ist, zu nützen und – wo möglich! – uns
Deutschen herzustellen" (S. 208).

Kennzeichnend für den Vortrag ist überall das Lebhafte, Begeisterte und
Begeisternde, die Anschaulichkeit und Eindringlichkeit, die auch die argumentierenden und diskursiven Partien mit rednerischer Energie durch-
dringt. Auf Schritt und Tritt ist der Ton bereit, in den der Beschwörung, ja
der Verkündigung überzugehn. Aus der Anrede will immer der Anruf, der
Ausruf und manchmal der Aufruf werden, aus dem Bildhaften das Dichterische, aus dem Deiktischen die Vision.

Mitunter muß der Verfasser sich zügeln und aus seinem Enthusiasmus
zurückrufen: „Doch wir bleiben noch lieber bei der stillen, ruhigen Untersuchung" (S. 213). Das Vergleichen von SOPHOKLES und SHAKESPEARE
begeistert ihn aber so, daß es alle Schranken und Dämme zerreißt. „Man
laße mich", ruft er dem Leser zu, „als Ausleger und Rhapsodisten fortfahren" (S. 219). Und als Ausleger und Rhapsodist beschwört er dann den
Geist, die dramatische Landschaft von SHAKESPEARES Tragödien.

Der Text erweckt den Eindruck der Spontaneität. Man merkt ihm nicht an, daß er sehr mühsam, über einen Zeitraum von anderthalb Jahren hinweg und durch zwei Vorstufen hindurch, in diesen Zustand geführt worden ist. Was als Improvisation eines musikalischen Phantasierens erscheint, ist penibler Kalkül.

Die Tendenz der Änderungen geht auf größere Expressivität. Der ordo artificialis wird verstärkt, der Ausdruck durch Verknappen und dadurch bedingtes Verfremden intensiviert. Aus dem „edelmüthig schwache[n]" (Fassung 1) wird der *edelschwache* Greis; aus „gutherzig verschwendend, und unbarmherzig rasch" (F. 1) wird *der gutherzige Verschwender, der rasche Unbarmherzige*; aus der „leichten Majestät seines Wahnsinns" (F. 2) wird die leichte Majestät *seines Elends und Verlassens*; aus „Lear [...] mit seinem treuen Knechte sterbend" (F. 1) zunächst, in Fassung 2, „der alte König mit seinem alten Knecht sterbend" und schließlich *der alte Knecht dem alten Könige nachsterbend.*

Am bezeichnendsten ist wohl die Verwandlung, die die zweite Hälfte des Anfangssatzes durchgemacht hat: Lear ... „in der Scene der Vertheilung des Königreichs sät schon den Saamen zu allen seinen Begebenheiten von außen und hat den Saamen aller seiner Veränderungen in sich." (F. 1); „in der ersten Scene seiner Erscheinung trägt er den Saamen aller seiner Schicksale in sich und säet ihn unsichtbar von außen zur Ernte der Zukunft." (F. 2); *in der Ersten Scene der Erscheinung trägt schon allen Saamen seiner Schicksale zur Ernte der dunkelsten Zukunft in sich.* Das etwas Kryptische, Orakelhafte, das der Ausdruck am Ende gewinnt, ist Ergebnis eines Verdichtens, das sich Schritt für Schritt mit wachsender Präzision und in rationaler Klarheit vollzieht.

Die Präzision, die hier erstrebt wird, ist Präzision im Ausdruckshaften, nicht im Gedanklichen, dem sich sonst in diskursiver Rede das Ausdruckshafte unterordnet. Was sich als Argument oder Leitgedanke herauslösen läßt, ist nicht die Hauptsache, die durch Beispiele zu veranschaulichen wäre. Vielmehr ist umgekehrt die Anschauung das Leitende, der Gedanke nur, was der Anschauung den Umriß, die Gliederung gibt. Der Gedanke zunächst, daß die Einheit im »Lear« mit *der strengsten Regel deines Aristoteles* zu vereinbaren ist; dann, daß außerdem der *Menschengeist* ihn belebt, der *alle Nebenumstände, Triebfedern, Charaktere und Situationen dahinein gedichtet* hat und der das alles *ordnete.*

E contrario ergibt sich also das Bild eines Dramas, das zwar die Einheit der Handlung, doch keine Vielfalt und auch sonst nicht eben viel vom Menschengeist besitzt, der bei SHAKESPEARE so strahlend hervortritt.

Dennoch gibt der ‚Leitgedanke‘ den Umriß für die Gliederung ab. Zunächst wird in der Einheit von Lears Person und Geschick, in der Teleologie der Figur – jeweils mit seiner ersten (Z. 1–5) und seiner letzten Szene (Z. 12–18) im Mittelpunkt – die Einheit des Stücks evident (Z. 1–18); dann seine Vielfalt in dem vielfältigen Gewebe der andern Personen und Situationen (Z. 22–34). Dazwischen (Z. 18–22), mehr Gelenk als geistiger Kern, sitzt der Gedanke, der die Gliederung der Bilderfluchten bewerkstelligt. Als Strebe fängt er den ersten Bogen der rhapsodischen Bewegung auf und stößt den zweiten aus sich ab. Als Argument wird er selbst rhapsodisiert, im Strom der Erregung gleichsam eingeschmolzen.

Der Strom der Erregung, der den Leser erfassen und in die Atmosphäre des »Lear« hineinreißen soll, ist das Entscheidende. Ihm dient die mächtige, vollregistrierte Rhetorik, die der ‚Redner‘ hier einsetzt.

Eindrucksvoll zunächst ist die Sicherheit und prägende Kraft der Diktion, die Neubildungen schafft und hier und da in der virtuosen Gespanntheit des Ausdrucks bereits an RILKE gemahnt: Lear ist *edelschwach*, Edmund *abscheulich glücklich*, Cordelia eine *Verzeiherin*; den König sehn wir, wie er *Kronen wegschenkt und Länder zerreißt, allen Saamen seiner Schicksale zur Ernte der dunkelsten Zukunft* schon *in sich*, dann *Wahnsinn gleichsam pochend vom Himmel herab* und *in der ganzen leichten Majestät seines Elends und Verlassens*.

Beachtlich vor allem ist aber die Kunst, mit der das Reißende und Treibende, das Zerfetzte und Turbulente des Geschehens in die Sprache gebannt wird. Sicher, die emphatischen Rufe, das *Siehe!*; *ach, Gott!*; *ewig, ewig*, die große deiktische Geste (zwölfmal ein Ausrufezeichen), das barocke Pathos der Steigerungen, das Sich-nicht-genug-tun-Können im Reihen und Häufen, die Zweier- (Z. 2f.), Dreier- (Z. 1), Vierer- (Z. 16), Fünfer- (Z. 18f.) und Sechsergruppen, das *bittend, betend, bettelnd, fluchend, schwärmend, segnend* gehört dazu. CARLYLE und andere haben das zu Tode gehetzt. Hier war es frisch, und wie beherrscht es zugleich ist, verrät z.B. die Kunst, mit der das Gereihte bald asyndetisch (*Wohlthäterin, Verzeiherin, Kind, Tochter*), bald monosyndetisch (*alle Nebenumstände, Triebfedern, Charaktere und Situationen*), bald polysyndetisch gefügt ist: *jede Person und Alter und Charakter und Nebending*.

Das wirksamste Mittel ist freilich der Satzbau. Kein Satz ist eigentlich ‚normal‘, im ordo naturalis gefügt. Der erste Satz beginnt mit dem Subjekt, *Lear*, das wie ein eröffnender Klang den ganzen ersten Abschnitt und damit den Text überhaupt beherrscht.

Die folgende ausgebaute Apposition erweitert sich zu solcher Selbständigkeit, daß die Konstruktion wie ein elliptischer Ausruf erscheint und in der Tat dann auch abbricht. Erst nach dem Schnitt, den der Gedankenstrich andeutet und den die folgende Inversion noch vertieft, setzt sich die *Lear*-Konstruktion als vollständiger Satz in ihr Recht. Noch künstlicher ist der folgende Satz. Seine syntaktische Kohärenz wird gelockert durch die eigenartige sich rückwärts herstellende Identität des unpersönlichen, semantisch opaken Prädikatsnomens mit den Subjekten. (Vgl. die Anmerkungen zum Text.) Die verdunkelte und damit gelockerte verbale Klammer entläßt die Subjekte und die folgende Adverbialbestimmung in dieselbe expressive Eigenständigkeit, die die locker angegliederte Kette der ausdrucksstarken Partizipien besitzt. Das dritte Gefüge, eine echte Ellipse, setzt das fort. Das Prädikat aus dem vorigen Satz wird in Spitzenstellung wiederholt, metaplastisch verknappt und chiastisch gekehrt. Wie beim erstenmal ist seine Funktion temporal. Der erste Abschnitt (Z. 1–12) ist aus dem Präsens der Eingangssituation entwickelt: Satz 1: *trägt* [...] *allen Saamen* [...] *in sich.* Die folgenden beiden Sätze (bis Z. 12) falten die Implikationen dieses Präsens futurisch aus.

Der folgende Abschnitt (Z. 12–18) – nun wieder im Präsens, dem Präsens des Endes – schließt sich syntaktisch, durch Neuaufnahme des Prädikatsmodells (*Und nun ist*), dem Vorhergehenden an. Wieder ist der Satz elliptisch; das Prädikat ist weiter (nämlich um sein Nomen) verkürzt; es ist auch hier auf die temporale Funktion reduziert, so daß sich wiederum das übrige, die Adverbialbestimmung, zu besondrer Bedeutung emanzipiert. So geht es fort. Die Sätze verknappen sich weiter, die drängenden, Bewegung schaffenden Partizipialkonstruktionen dominieren noch mehr, Ausrufe dynamisieren den Stil.

Am flüchtigsten wird die Syntax zum Schluß. Die Gefüge sind hier zu Positionen aufgelöst, die sich anfangs noch, zusammen- und gegeneinandergestellt, als Konstellationen formieren, dann aber vereinzeln und wie losgerissene Inseln im Strom der Beredsamkeit treiben. Hier wird die vernünftige Ordnung bewußt zugunsten der evokativen Wirkung verlassen. *Des Einen Sohn gegen einen betrognen Vater unglücklich dankbar, der andre gegen den gutherzigsten Vater scheuslich undankbar und abscheulich glücklich.* Das ist präzis wie eine geometrische Figur und pointiert wie ein Concetto. Dann aber: *Der gegen seine Töchter!* Wie ist das zu ergänzen? Durch ein prädikatives Adjektiv, wie die Umgebung nahelegt? Aber welches? Oder ein Verb, etwa „steht"? Es bleibt offen, ja im folgenden (*ihre Gemal* usw.) wird nicht einmal die

Identität des Kasus erkennbar (Nominativ, Akkusativ?). Erst in der nächsten, streng parallel strukturierten Ellipse findet die Sprache zur Eindeutigkeit der Positionen zurück, um zum Schluß noch einmal auszurollen und dann zur Ruhe zu kommen in derselben Fuge, aus der sie ausgetreten war: *jede Person und Alter und Charakter und Nebending – alle Nebenumstände, Triebfedern, Charaktere und Situationen.* Danach der Schlußpunkt, in dem die Strähnen sich bündeln: *Alles im Spiel!*

Es ist eine Beredsamkeit, die für einen Meister der Beredsamkeit wirbt, für SHAKESPEARE. Der Verfasser will ihn nicht erklären, sondern machen, daß man ihn fühlt. Er versucht das, indem er sich bemüht, den Atem SHAKESPEARES in seiner Rede zu entfesseln. Gleich SHAKESPEARE erzielt er dabei Wirkungen, die sich bis ins Irrationale verlieren. Wie alles übrige sind aber auch sie das Ergebnis von Arbeit, die Überblick und Beherrschung voraussetzt. Der Strom der Beredsamkeit ist ein geregelter Strom. Auch wo der Redner hingerissen ist, vergißt er die Regeln nicht, weder die Regeln des ARISTOTELES noch die der Beredsamkeit, die seinen Redestrom vor Monotonie und Simplizität bewahren. Der einzelne Ausdruck und die Organisation der Massen, der Wechsel im Satzbau, die Verbindungen und Entsprechungen verraten die gleiche Bewußtheit und den gleichen caractère voulu wie in Text [11]. Wie jede Beredsamkeit ist auch diese auf Entwaffnung und Überwältigung aus. Wer ihr erliegt, mag sich trösten: sie verträgt es, daß man sie prüft.

Aus einem Schauspiel von 1781

[15] FRANZ. *Plötzlich traf ein ungeheurer Donner mein schlum-*
merndes Ohr, ich taumelte bebend auf, und siehe da war
mirs, als säh ich aufflammen den ganzen Horizont in feuriger
Lohe, und Berge und Städte und Wälder, wie Wachs im Ofen
5 *zerschmolzen, und eine heulende Windsbraut fegte von hin-*
nen Meer, Himmel und Erde – da erscholls wie aus ehernen
Posaunen: Erde, gib deine Toden, gib deine Toden, Meer!
und das nakte Gefild begonn zu kreisen, und aufzuwerfen
Schedel und Rippen und Kinnbacken und Beine, die sich
10 *zusammenzogen in menschliche Leiber, und daher strömten*
unübersehlich, ein lebendiger Sturm: Damals sah ich auf-
wärts, und siehe, ich stand am Fus des donnernden Sina, und
über mir Gewimmel und unter mir, und oben auf der Höhe
des Bergs auf drey rauchenden Stühlen drey Männer, vor
15 *deren Blick flohe die Kreatur –*
DANIEL. *Das ist ja das leibhaft Konterfey vom jüngsten Tage.*
FRANZ. *Nicht wahr? das ist tolles Gezeuge? Da trat hervor*
Einer, anzusehen wie die Sternennacht, der hatte in seiner
Hand einen eisernen Siegelring, den hielt er zwischen Auf-
20 *gang und Niedergang und sprach: Ewig, heilig, gerecht,*
unverfälschbar! Es ist nur Eine Wahrheit, es ist nur Eine
Tugend! Wehe, wehe, wehe dem zweiffelnden Wurme! – da
trat hervor ein Zweyter, der hatte in seiner Hand einen
blizenden Spiegel, den hielt er zwischen Aufgang und Nie-
25 *dergang, und sprach: Dieser Spiegel ist Wahrheit; Heucheley*
und Larven bestehen nicht – da erschrack ich und alles Volk,
denn wir sahen Schlangen und Tyger und Leoparden Gesich-
ter zurückgeworfen aus dem entsetzlichen Spiegel. – Da trat
hervor ein Dritter, der hatte in seiner Hand eine eherne
30 *Wage, die hielt er zwischen Aufgang und Niedergang, und*
sprach: tretet herzu, ihr Kinder von Adam – ich wäge die
Gedanken in der Schaale meines Zornes! und die Werke mit
dem Gewicht meines Grimms! –
DANIEL. *Gott erbarme sich meiner.*
35 FRANZ. *Schneebleich stunden alle, ängstlich klopfte die Erwar-*
tung in jeglicher Brust. Da war mirs, als hört ich meinen
Namen zuerst genannt aus den Wettern des Berges, und mein
innerstes Mark gefror in mir, und meine Zähne klapperten
laut. Schnell begonn die Waage zu klingen, zu donnern der

40   *Fels, und die Stunden zogen vorüber, eine nach der andern an*
     der links hangenden Schaale, und eine nach der andern warf
     eine Todsünde hinein –
DANIEL. *Oh Gott vergeb euch!*
FRANZ. *Das that er nicht! – die Schaale wuchs zu einem*
45   *Gebirge, aber die andere voll vom Blut der Versöhnung hielt*
     sie noch immer hoch in den Lüften – zuletzt kam ein alter
     Mann, schwer gebeuget von Gram, angebissen den Arm von
     wütendem Hunger, aller Augen wanden sich scheu vor dem
     Mann, ich kannte den Mann, er schnitt eine Loke von seinem
50   *silbernen Haupthaar, warf sie hinein in die Schaale der*
     Sünden, und siehe, sie sank, sank plötzlich zum Abgrund,
     und die Schaale der Versöhnung flatterte hoch auf! – Da hört
     ich eine Stimme schallen aus dem Rauche des Felsen: Gnade,
     Gnade jedem Sünder der Erde und des Abgrunds! du allein
55   *bist verworfen!*

Anmerkungen zum Text .
Für *kreisen* (Z. 8) ist *kreißen* zu lesen, für *wanden* (Z. 48) wandten[117].
hangenden (Z. 41), *gebeuget* (Z. 47) und *Felsen* (Z. 53) für Felsens sind 1781
normal. Archaisierender Sprachgebrauch ließe sich mit diesen Formen z. B.
noch nicht belegen.

Aufbau

Thema: Traumvision eines Schuldigen vom Jüngsten Gericht.

Form. Äußere Form: Dialog, der bei der spärlichen Rolle des
Partners allerdings eher wie ein Monolog oder eine Deklamation
erscheint. Innere Form: Szene, die nach dem Gesetz des dramatischen Aufbaus einem Höhepunkt zustrebt.

Gliederung

  I Zum dramatischen und szenischen Charakter gehört die doppelte
     Exposition (Z. 1–15).
  1 Äußerster Rahmen ist der Schlaf, in den zunächst das Erlebnis der
     kosmischen Katastrophe hereinbricht (Z. 1–6). Vom Unbestimmten
     einer akustischen Wahrnehmung geht es dabei über zum Bestimmteren
     einer optischen. Vom Unbestimmteren des *da war mirs, als säh ich* zur
     Eindeutigkeit des *Damals sah ich.* (Dieser Übergang wiederholt sich
     bei der Eröffnung des individuellen Gerichts.)
  2 Nach der überleitenden und thematisch präzisierenden Auferstehung
     der Toten (Jüngstes Gericht) und der Einengung der unbestimmten
     Weite auf einen konkreten Ort (Sinai) entfaltet sich als eigentliche
     Szene das Tribunal mit den Abteilungen des allgemeinen und des
     individuellen Gerichts.

II (1–3) Das allgemeine Gericht (Z. 17–33), umschlossen von den Ein-
würfen des Partners, erhält durch den triadischen Auftritt der Männer
eine Unterteilung, die sich auch sprachlich, durch die sehr entwickelte
Form der Anapher, heraushebt: *Da trat hervor* [...], *der hatte in
seiner Hand* [...], *den* (oder *die*) *hielt er* [...]. Die Steigerung im
Inhalt – von der Eröffnung des Gerichts über das Entdecken der
Wahrheit zum Ermitteln der Schuld – wird außerdem kompositorisch
unterstützt durch die Technik der wachsenden Glieder: Erweiterung
des zweiten durch die Bilder des Spiegels und Funktion des dritten als
Vorbereitung der entscheidenden Phase.

Gliederung und Steigerung bewirkt auch die Zuspitzung der allgemeinen Katastrophe am Anfang zur individuellen am Schluß, das
allmähliche Heraustreten eines Einzelnen aus dem *Volk* und das
wachsende Entsetzen, das damit einhergeht: *da erschrak ich und alles
Volk* [...], *Schneebleich stunden alle* [...], *mein innerstes Mark gefror
in mir.*

III (1–3) Das individuelle Gericht (Z. 36–55) bringt noch einmal eine
Verengung der Szene und eine Spezifizierung des Geschehens. Hier
erst wird wirklich gerichtet. Auch bei diesem Vorgang ist eine Gliederung in drei Momente zu unterscheiden: das Wägen der Sünden, das
Überwiegen der Gnade und der Ausschlag durch das Haar des alten
Mannes. Der Kulminationscharakter dieses letzten Moments erklärt
die episodische Erweiterung, die hervorhebt und abermals steigert.
Wie sie begonnen hat, mit einem akustischen Phänomen – nun aber
artikuliert – schließt die Szene auch ab: mit dem Urteil der Verdammung.

Muster

Thema und Aufbau verweisen auf eine doppelte Quelle: eine
praktische für den Inhalt und eine theoretische für die Form. Bevor
wir uns mit der Sprache befassen, die durch diesen Umstand
bedingt ist, untersuchen wir also die Tradition.

Theoretische Quelle

Quelle für die Form ist der dramatische Bau. Er ist so prägnant,
daß es uns leichtfällt, ihn mit den Termini der Dramaturgie zu
erfassen (vgl. I. 52,2b).

I. Schürzung des Knotens (δέσις: désis)

1. Protasis (vorbereitende, die Situation herstellende Phase der Information)	1. Akt Jüngster Tag
2. Epitasis (handelnde Steigerung der Situation)	Jüngstes Gericht
a) dynamische epitasis	2./3. Akt Auftritt der Männer, Wägen der Schuld
b) statische catastasis (retardierendes Moment)	4. Akt Überwiegen der Gnade

II. Lösung des Knotens (λύσις: lýsis) durch den Glücksumschwung (καταστροφή: katastrophé)

    5. Akt Ausschlag durch das Haar

Dramatisch ist nicht nur die Gliederung, sondern auch das Verfahren, durch akustische und optische Signale, durch Vorzeichen eine unheilverkündende Atmosphäre zu beschwören, wie z.B. in »Macbeth«. Dramatisch ist weiter die Technik, die Handlung in eine Gerichtssituation zu führen, wie z.B. in der Äschyleischen »Orestie«. Auch die ‚Erregung von Furcht und Mitleid' und selbst, wenn man so will, die drei Einheiten sind als dramatische Elemente zu verzeichnen.

Verhältnis zur theoretischen Quelle: Die Fünfteiligkeit des Dramas ist durch die Dreiteiligkeit von Vorspiel, Entfaltung und Katastrophe ersetzt. Aus ökonomischer Notwendigkeit wird verkürzt und gerafft, doch sind die ‚Akte' noch deutlich erkennbar. In der Dreigliedrigkeit auch des Mittelteils erhält das Ganze ein Gerüst, das die Vehemenz des Einsatzes dämmt und damit die Entladung am Schluß noch intensiviert. Wie man sieht, ist das Muster nicht mechanisch verwendet (vielleicht nicht einmal bewußt), sondern funktionell. Seine Funktion ist das Verdichten und Organisieren der Spannung.

Praktische Quelle

Stoffliche Quelle ist die Bibel, besonders die »Offenbarung des Johannes«. Anklänge finden sich auch an KLOPSTOCKs »Messias« (1748–1773), der seinerseits auf der Bibel beruht und den das 18. Jh. für die dichterische Behandlung von biblischen Motiven kanonisierte. Wir erleichtern uns den Überlick durch eine Tabelle.

ein ungeheurer Donner: Der Donner und damit eingeleitete Katastrophen sind in der Offb. stereotyp, z. B. 8,5: „Vnd da geschahen stimmen / vnd donner vnd blitzen vnd erdbebung".

siehe da war mirs, als säh ich	DARnach sahe ich / vnd sihe (Offb. 4,1)
Damals sah ich aufwärts, und siehe	

aufflammen den ganzen Horizont in feuriger Lohe, und Berge und Städte und Wälder, wie Wachs im Ofen zerschmolzen	die Berge [...] schmeltzen / vnd die Tale reissen [...] / Gleich / wie wachs fur dem Fewr verschmeltzt (Micha 1,4)

eine heulende Windsbraut: Die *Windsbraut* verweist auf die Engel (Offb. 7,1), die die Welt vor den zerstörenden Winden zunächst noch bewahren, indem sie sie „halten". *Windsbraut*: Apg. 27,14.

Meer, Himmel und Erde	Himel vnd Erden / vnd Meer (Offb. 14,7)
da erscholls wie aus ehernen Posaunen	vnd hörete hinder mir eine grosse stim / als einer Posaunen (Offb. 1, 10)
Erde, gib deine Toden, gib deine Toden, Meer	Vnd das Meer gab die Todten [...] / vnd der Tod vnd die Helle gaben die Todten (Offb. 20,13)
das nakte Gefild begonn zu kreisen, und aufzuwerfen Schedel und Rippen und Kinnbacken und Beine, die sich zusammenzogen in menschliche Leiber, und daher strömten unübersehlich, ein lebendiger Sturm	es regete sich / vnd die Gebeine kamen wider zusammen / ein jglichs zu seinem gebein. Vnd [...] es wuchsen Adern vnd Fleisch drauff [...] Wind / [...] blase diese Getödten an / das sie wider lebendig werden. [...] Da kam Odem in sie / vnd sie [...] richten sich auff jre füsse. Vnd jr war ein seer gros Heer (Hes. 37, 7–10)

Gegenüber dem „Feld" der Bibel (Hes. 37,1) hat unser Text das *Gefild*. So der »Messias« (13, v. 191 ff.): „da rauschte das weite Gefilde!/Siehe, da regt' es sich [...] / Und die Gebeine kamen zusammen, jedes Gebein kam / Zu dem seinen, und Leben kam mit den fliegenden Winden / In die Todten. Nun standen sie all' auf dem weiten Gefilde, / Sieh, ein unzählbares Heer!"

ich stand am Fus des donnernden Sina, und über mir Gewimmel und unter mir	ein donnern vnd blitzen [...] Das gantz Volck aber [...] erschrack [...] / Vnd sie traten vnten an den Berg (2. Mose 19, 16–17)

Sina neben Sinai, und zwar aus metrischen Gründen, hat der »Messias« (z.B. 7, v. 601). Dort auch „des Bergs Fuß" (5, v. 353).

und oben auf der Höhe des Bergs auf drey rauchenden Stühlen drey Männer, vor deren Blick flohe die Kreatur	VND ich sahe Stůele / vnd sie satzten sich darauff / vnd jnen ward gegeben das Gericht. [...] VND ich sahe [...] den der darauff sass / fur welches Angesicht flohe die Erde vnd der Himel (Offb. 20; 4, 11)
Da trat hervor Einer, anzusehen wie die Sternennacht	vnd auff dem stuel sass einer [...] anzusehen / wie der stein Jaspis vnd Sardis / vnd ein Regenbogen war umb den stuel (Offb. 4; 2,3)

Den *Siegelring* kennt die Offenbarung nicht, aber das Siegel spielt eine bedeutende Rolle. Siegel werden zerbrochen und damit Geheimnisse offenbart (5–6); Gottes Knechte werden an ihren Stirnen gesiegelt und so in den Verheerungen bewahrt (7, 2–8).

zwischen Aufgang und Niedergang	von der Sonnen auffgang (Offb. 7, 2)
Ewig, heilig, gerecht, unverfälschbar	Gros [...] / gerecht vnd warhafftig (Offb. 15, 3)
Wehe, wehe, wehe dem zweiffelnden Wurme	Weh / weh / weh / denen die auff Erden wonen (Offb. 8, 13)
da erschrack ich und alles Volk	Das gantz Volck aber [...] erschrak (2. Mose 19, 16)

Den Tiergesichtern im *Spiegel* entsprechen die Schlange (Offb. 12; 9, 14, 15), der Löwe (4, 7) und ein „Thier [...] gleich einem Pardel" (13, 2).

der hatte in seiner Hand eine eherne Wage	vnd der drauff sass / hatte eine Woge in seiner hand (Offb. 6, 5)
ihr Kinder von Adam	Kinder von Adam (»Messias« 8, v. 220)
ich wäge die Gedanken in der Schaale meines Zornes! und die Werke mit dem Gewicht meines Grimms	Schalen vol zorns Gottes (Offb. 15, 7) straffe mich nicht in deinem Zorn / Vnd zůchtige mich nicht in deinem grim (Psalm 6, 2)
Da war mirs, als hört ich	Vnd ich sahe / vnd hõret (Offb. 8, 13)

aus den Wettern des Berges	ein donnern vnd blitzen / vnd ein dicke wolcken auff dem Berge (2. Mose 19, 16)
aus dem Rauche des Felsen	Der gantz berg aber Sinai rauchet [...] / Vnd sein Rauch gieng auff / wie ein rauch vom ofen (2. Mose 19, 18)

Verhältnis zur praktischen Quelle. Dienlichkeit oder aptum (L 464) der Quelle: Für die Traumvision eines Schuldigen vom Jüngsten Gericht ist im christlichen Europa die Bibel und besonders die Apokalypse das Muster, das sich unabweislich empfiehlt. Seine Kenntnis ist beim Publikum des 18. Jhs noch vorauszusetzen. Der Zitatcharakter des Textes ist also wohl bewußt. Das Hieratische, das vertraut und doch in seiner Fremdheit entfernt ist, bietet sich an, um die Überwältigung einer Seele durch die Mächte des Gewissens zu versinnlichen.

Wortschatz und Stil: Wie die Übersicht zeigt, ist die Nähe zur Quelle, die Sättigung des Textes mit ihren Motiven und ihrem Idiom so beträchtlich, daß sie den Stil determinieren. (Das einzige Wort, das lexikalisch aus dem Bibelgepräge herausfällt, ist *Horizont* [erst seit dem 17. Jh. bei uns in Gebrauch]. Die *Larven* kennt die Bibel zwar nicht, doch sind sie bei LUTHER gebräuchlich.) Wie noch darzulegen, ist die Affinität in Satzbau, Rhetorik und Rhythmus der beherrschende Zug. Wo weitergebildet wird, bleibt das Charakteristische der biblischen Visionen gewahrt.

Kompilation der Motive (electio, L 46,2): Bei der Nähe der Apokalypse zum Alten Testament ist das Hinzutreten von Stellen aus diesem Buch nur natürlich. An einem Punkt wird die Kompilation zur Montage, die nicht nur die Wirkung erhöht, sondern geradezu den Rang einer theologischen Erfindung gewinnt: Das Jüngste Gericht vollzieht sich am Fuße des Sinai. Dort, wo einst unter Donner und Blitz die Gesetze erlassen wurden, wird jetzt nach diesen Gesetzen gerichtet. Vermittelt ist auch dies bereits durch den »Messias« (10, v. 995 f.): „Der Bothe der richtenden Gottheit / Schwebte zur Erd' hinab, trat auf den Sinai nieder [...]".

Funktion: Im Unterschied zur Quelle steht hier die Situation eines Einzelnen im Vordergrund. Sie macht die apokalyptische Szenerie zur Folie, allerdings zu einer höchst bedeutenden. Das persönliche Schicksal, das sich zeichenhaft – und unabhängig von der biblischen Quelle – im Auftritt des alten Mannes verkörpert, gewinnt durch diesen Hintergrund einen Sinn, der das Individuelle in die Gesetzhaftigkeit des Allgemeinen verwebt.

Verhältnis der praktischen Quelle zur theoretischen

Der Raffung des dramatischen Schemas entspricht die Raffung des Materials aus der stofflichen Quelle. Die Siebenzahl, die dort dominiert (bei den Siegeln, Posaunen, Engeln und Zornschalen) ist zur Dreizahl, ebenfalls einer magischen Größe, verkürzt, die Fülle der Erscheinungen auf das im Dramenmonolog zu Verwirklichende beschränkt.

Angedeutet war bereits die immanente Dramatik der Gerichtsszene. Liegt schon in jeder Gerichtsverhandlung etwas Dramatisches, wie unvergleichlich ist da das Jüngste Gericht mit seiner kosmischen Szenerie, den spektakulären Requisiten, dem imposanten Personal. Aus dem Willen zur dramatischen Steigerung erklärt sich auch das Ergänzen der Apokalypse durch theatralisch besonders effektvolle Motive aus dem AT (Auferstehung der Toten, der donnernde Sinai). Ganz im Sinne des Erregten und Grellen dieser Dramatik ist das Furioso der wirbelnden Leiber, das nicht nur die kräftige alttestamentliche Quelle, sondern auch die dichterisch bereits erhöhte Variante im »Messias« an Expressivität noch übertrifft.

Sprache

Insgesamt ist die Sprache gekennzeichnet durch die Spannung zwischen dem Überhitzten und Eruptiven der Rede und der strengen Hieratik der Bilder, in denen sich die Handlung vollzieht. Das Erhabene ist nicht entrückt, sondern aggressiv – ein Tremendum, das verstört und bedrängt; das Archaische nicht weihevoll, sondern expressiv – und fast schon expressionistisch – gespannt.

Satzbau

Der Hieratik der Bilder entspricht der archaisierende Satzbau, wie er die Apokalypse kennzeichnet. Das Nebenordnen der Sätze, die Parataxe, ist das beherrschende syntaktische Prinzip; die Hypotaxe wird bewußt unterdrückt: *zuletzt kam ein alter Mann* [...], *aller Augen wanden sich scheu vor dem Mann, ich kannte den Mann, er schnitt* [...]. Nebensätze erscheinen in der Wortstellung des Hauptsatzes: *drey Männer, vor deren Blick flohe* [...]; *Da trat hervor Einer* [...], *der hatte in seiner Hand* [...].

Biblisch-lapidar ist ebenfalls die Gedrungenheit der vielen kurzen Sätze: *Erde, gib deine Toden* usw., *Es ist nur Eine Wahrheit* usw., *Das that er nicht!* und der elliptisch verkürzten: *und über mir Gewimmel und unter mir* usw., *Ewig, heilig, gerecht* usw., *Gnade jedem Sünder der Erde* usw.

Archaisierend und zugleich versinnlichend wirkt die Inversion von Objekt (oder Subjekt) und Prädikat – auch dies im Gefolge der Bibel (vgl. Offb. 20, 11). Sie stärkt die Einheit des Stils und steigert durch das vorzeitige Verwirklichen im syntaktischen Muster die sinnliche Qualität des Verbs. Bewegung wird z.B. eher realisiert als das Bewegte: *da war mirs, als säh ich aufflammen / den ganzen Horizont*; *eine heulende Windsbraut fegte von hinnen / Meer, Himmel und Erde*; *das nakte Gefild begonn zu kreisen, und aufzuwerfen / Schedel* usw.; *Da trat hervor / Einer [...]*.

Rhetorik

Ein rhetorisches Mittel ist natürlich bereits der Satzbau. Auch der Rhythmus, den wir gesondert betrachten, gehört zu den rhetorischen Mitteln. Die Auseinanderlegung ist also künstlich. Wir führen sie durch, um desto klarer die Erscheinungen hervortreten zu lassen, in denen die rednerische Intention sich bekundet.

Um die rednerische Intention zu erfassen, ist der doppelte Rahmen zu bedenken, den die dramatische Technik bedingt. Da ist zunächst der Redende, der seinen Traum erzählt. Er steht unter dem Zwang, ihn zu berichten – um sich innerlich zu erleichtern, sicherlich nicht, um auf sein Gegenüber rhetorisch zu wirken. Und da ist der Dichter, der den Redenden führt und allerdings eine solche Absicht verfolgt, nämlich beim Publikum. Das Großartige und Erhabene des Geschehens, die flammenden und wirbelnden Bilder, das Elektrisierende und Virtuose – das alles sind Mittel, um die Überwältigung des Redenden durch den Traum in der Überwältigung der Zuschauer durch die Rede zu wiederholen.

Das erfordert rhetorische Wucht. Es ist der erhabene Stil in der Variante des heftigen, des genus vehemens (L 468,2), in dem die Vision sich entrollt. Zu seinen Kennzeichen gehört die altertümelnde Wortwahl (vetustas, L 106,2): *Aufgang und Niedergang* für Ost und West (*begonn* für begann, *stunden* für standen?). Dazu gehört das emphatische Verdoppeln (geminatio, L 244): *sank, sank*; *Gnade, Gnade*; das Stakkato der insistierenden Wiederholung (iteratio, L 244): *Wehe, wehe, wehe* und das Rollende und Flutende des syndetischen Legato: *und aufzuwerfen Schedel und Rippen und Kinnbacken und Beine [...] und daher strömten [...]*. Dazu gehören vor allem die Mittel, die die Parataxe reliefieren und dynamisch überbauen, der parallelismus membrorum und der Chiasmus. Der Parallelismus – die charakteristische Figur der hebräischen Poesie – ist am eindrucksvollsten verwirklicht an der Stelle, die einen Psalmenvers variiert: *ich wäge die Gedanken in der Schaale meines*

Zornes! und die Werke mit dem Gewicht meines Grimms! Verschränkt mit der Anadiplose (L 250) und von derselben Wucht wie der Parallelismus erscheint der Chiasmus bei der Erweckung der Toten: *Erde, gib deine Toden, gib deine Toden, Meer!* – elastischer und federnder in der dynamischen Epitase: *Schnell begonn die Waage zu klingen, zu donnern der Fels.*

Rhythmus

Das Elastische und Federnde ist auch am Rhythmus der beherrschende Zug. *Waage zu klingen*: das ist der cursus planus, *donnern der Fels* oxytonischer Schluß. Wo sich die Sprache ins Muster der rhetorischen Figuren verfügt, da ergreift sie der Rhythmus und gipfelt sie auf. Das Strömen, das die Rede durchpulst, ist überall spürbar. Eine schwingende expansive Bewegung behauptet sich zwar nur am Anfang, in der Exposition, aber die charakteristische Zügigkeit bleibt erhalten. Sie beruht auf der Verfestigung des Rhythmus zur metrisch definierbaren Floskel. Begünstigt durch die Prägung der syntaktischen Form, die Kürze der Kola, die Fülle der Ellipsen und Rufe, die Emphase und das drängende Tempo, durchzieht sie als rhythmisch konstituierendes Element den Text. Es ist der Cursus in der Gestalt des planus: *feuriger Lohe, Städte und Wälder, Ofen zerschmolzen* usw. (insgesamt 28!) und des oxytonischen Schlusses: *schlummerndes Ohr, lebendiger Sturm, tretet herzu* usw. (insgesamt 12). Selbst im Innern der Kola sind die Figuren zu finden: *heulende Windsbraut* usw. (7); *nakte Gefild* usw. (4). Auch die emphatische Akzentuierung wird durch rhythmisches Versetzen aus der Gestalt des Cursus entwickelt: (*die Schaale der Versöhnung*) *flátterte hóch áuf* („schwebender Akzent‘); (*warf eine*) *Tód/sünde hinéin*. Hier und da reguliert sich die Bewegung über ganze Strecken zur daktylischen oder jambischen Formation: *in feuriger Lohe, und Berge und Städte und Wälder* [...]; *Es ist nur Eine Wahrheit,/ es ist nur Eine Tugend.*

Aptum

Die Untersuchung hat das hohe Maß an künstlerischer Bewußtheit erhellt, das die Struktur dieses Textes verrät. Die Gliederung ist durchsichtig und sorgfältig gestuft, die textinternen Bezüge sind eng. Theoretische und praktische Quelle sind glücklich gewählt, geschickt aufeinander bezogen und ergiebig benutzt. Die Sprache ist farbig, kräftig und einheitlich, rhythmisch gestrafft und rednerisch bewußt. Insofern also ein Text von bemerkenswerter Vollkommenheit.

Über die Vollkommenheit der Rede entscheidet indessen noch etwas anderes: ihre Dienlichkeit zu einem präzisen rhetorischen oder literarischen Zweck (das äußere aptum, L 464). Hier drängt sich die Frage auf nach der dramatischen Intention des Verfassers. Darstellen will er die Überwältigung eines schuldigen Gewissens. Die Umgebung des Textes zeigt den Redenden zerrüttet, fiebernd und halluzinierend. Noch in derselben Szene bringt er sich um. Zwischen der geistigen Kraft, die die Schilderung dieses Gesichts als rhetorische Leistung voraussetzt, und der Zerrüttung, die sie im Redner bewirkt, eröffnet sich eine Kluft. Der Schauspieler muß sich also für das eine oder das andre entscheiden. IFFLAND, der diese Rolle zuerst übernahm, gestaltete die Vision vom Jüngsten Gericht „so deklamatorisch-formvollendet wie eine Opernarie", DEVRIENT, der ihm folgte, „in gehetzter Angst, abgehackt, oft kaum verständlich, am Rand der Verzweiflung".[118]

Dem Verfasser wurde dieser Bruch offenbar. Zweimal entschloß er sich bei weiteren Redaktionen zur Kürzung, der etwa die Hälfte des Textes verfiel[119]. Die Vollkommenheit eines Teils hatte die Vollkommenheit des Ganzen, die dem Gesetz der Wahrscheinlichkeit unterliegt, bedroht. So wurde bewußt der geordnete Aufbau zerstört, um die psychologische Glaubwürdigkeit zu erhalten. (Vgl. die Begriffe äußeres und inneres aptum, L 464; Glaubwürdigkeit und lex potentior, L 93).

Die bisher behandelten Texte waren Ausschnitte, deren Form (im weitesten Sinn) erst aufzufinden oder durch Beschreibung zu erhellen war. Die Texte dieses Kapitels sind jeweils vollständig. Das Verhältnis zur Gattung, die sie repräsentieren – zur theoretischen oder Form-Quelle – ist nicht immer schon dadurch leicht zu erkennen, daß man die Gattung erkennt. Selbst wenn es um das Verhältnis zu einer Gattung geht, die der Autor des literarischen Werks theoretisch erörtert, und selbst wenn das literarische Werk in der Absicht geschrieben wurde, die Theorie zu verkörpern, ergeben sich mitunter beträchtliche Schwierigkeiten.

Fabel

[16] *Die Erscheinung.* [1759]

In der einsamsten Tiefe jenes Waldes, wo ich schon manches redende Thier belauscht, lag ich an einem sanften Wasserfalle und war bemüht, einem meiner Mährchen den leichten poetischen Schmuck zu geben, in welchem am liebsten zu erscheinen,
5 *la Fontaine die Fabel fast verwöhnt hat. Ich sann, ich wehlte, ich verwarf, die Stirne glühte – – Umsonst, es kam nichts auf das Blatt. Voll Unwill sprang ich auf; aber sieh! – auf einmal stand sie selbst, die fabelnde Muse vor mir.*

Und sie sprach lächelnd: Schüler, wozu diese undankbare
10 *Mühe? Die Wahrheit braucht die Anmuth der Fabel; aber wozu braucht die Fabel die Anmuth der Harmonie? Du willst das Gewürze würzen. Gnug, wenn die Erfindung des Dichters ist; der Vortrag sey des ungekünstelten Geschichtschreibers, so wie der Sinn des Weltweisen.*

15 *Ich wollte antworten, aber die Muse verschwand. „Sie ver-„schwand? höre ich einen Leser fragen. Wenn du uns doch nur „wahrscheinlicher täuschen wolltest! Die seichten Schlüsse, auf „die dein Unvermögen dich führte, der Muse in den Mund zu „legen! Zwar ein gewöhnlicher Betrug –"*
20 *Vortreflich, mein Leser! Mir ist keine Muse erschienen. Ich erzehlte eine bloße Fabel, aus der du selbst die Lehre gezogen. Ich bin nicht der erste und werde nicht der letzte seyn, der seine Grillen zu Orakelsprüchen einer göttlichen Erscheinung macht.*

Anmerkung zum Text
Fabel (Z. 10). Der Verfasser selbst trifft in einer Abhandlung, »Von dem Wesen der Fabel«, eine Unterscheidung zwischen den beiden Bedeutungen

des Wortes: „Jede Erdichtung, womit der Poet eine gewisse Absicht verbindet, heißt seine Fabel. So heißt die Erdichtung, welche er durch die Epopee, durch das Drama herrschen läßt, die Fabel seiner Epopee, die Fabel seines Drama. [/] Von diesen Fabeln ist hier die Rede nicht. Mein Gegenstand ist die sogenannte Aesopische Fabel."[120]

Die äsopische Fabel ist demnach eine „Erdichtung", die nur aus der Fabel besteht. Alle *Anmuth* liegt bei ihr in der *Erfindung*, nicht im Schmuck, im *Vortrag.* Nur diese *Anmuth* ist es, die die Wahrheit braucht.

Ist dies eine Fabel? Das *redende Thier,* das als bezeichnendstes Merkmal der Gattung gilt, wird zwar erwähnt, ohne jedoch zu erscheinen. Eine Tierfabel zumindest ist es nicht. Die *Muse,* die darin auftritt, könnte es nahelegen, von der Sonderform der mythologischen Fabel (s. L:F 21) zu sprechen, wenn nicht der Dichter diese *Erscheinung* ausdrücklich widerriefe: *Mir ist keine Muse erschienen.* Man muß für dieses Beispiel eine eigne Sparte errichten, die poetologische Fabel: eine Fabel über die Fabel.

Poetologische Fragen wie die des Stils (*poetische*[r] *Schmuck,* die *Anmuth der Harmonie*), des Gattungscharakters (Verhältnis von *Erfindung, Vortrag* und *Sinn*), der erstrebten Wirkung (die *Lehre*) und der Inspiration (die *Muse,* die Bewandtnis von *Orakelsprüchen einer göttlichen Erscheinung*) sind nicht nur, wie gelegentlich in älterer und neuerer Dichtung zu beobachten, gestreift, sondern bilden den Kern. Insofern wirkt diese Fabel modern. Sie eröffnet eine Folge von dreißig Stücken[121], deren Poetik sie festlegt, allerdings auf seltsame Art.

Sie ist anders als die LA FONTAINEs, der seinen *Mährchen* einen *leichten poetischen Schmuck* gab, worin er sie zur beliebtesten und allgemein verbreitetsten gemacht hatte. Der Autor selbst erscheint zunächst als ein Nacheiferer LA FONTAINEs: *Ich sann, ich wehlte, ich verwarf* [...] – *Umsonst.* Dann tritt die Muse der Fabel auf und belehrt ihn: Die Fabel, selbst bereits das ‚Gewürz' einer Dichtung, bedarf keiner weiteren Würze, keiner *Anmuth der Harmonie,* z.B. des Verses. Das Dichterische an ihr erschöpft sich in der *Erfindung.* Gemäß dem Charakter der didaktischen Gattung entstammen die übrigen Elemente, *Vortrag* und *Sinn,* nicht dem Bereich der Dichtung, sondern dem des *Geschichtschreibers* bzw. des *Weltweisen*; d.h. der *Vortrag* sei einfach (*ungekünstelt*), der *Sinn* vernünftig und allgemein verständlich, also ebenfalls einfach, kunstlos.

Nach dieser Belehrung verschwindet die *Muse.* Der Autor aber, statt seine Fabel hier enden zu lassen, erteilt einem angenommenen Leser das Wort und führt mit dessen Frage und der Erwiderung auf sie die Fabel aus dem Bericht in den Dialog. Er überbaut darin den

Bericht mit einer geistvollen selbstironischen und souveränen Dialektik. Auf den Vorwurf des Lesers, das Musenorakel sei ein allzu durchsichtiges Manöver zur Verschleierung seines *Unvermögens*, erwidert er nicht, wie zu erwarten, mit einer Verteidigung, sondern mit einem Kompliment. Er gratuliert dem Leser, der den richtigen Schluß gezogen habe, zu seinem Scharfsinn.

Die *Muse* wird als Finte, als Fiktives oder Fingiertes entlarvt, d. h. als Konvention, die oft wie hier zum Zweck der literarischen Hochstapelei benutzt wird. So mündet die Fabel in die Kritik an denen, die ihrer Subjektivität mit den *Orakelsprüchen einer göttlichen Erscheinung* nachzuhelfen suchen. Eine aufklärerische Vernunftpoetik, so scheint es, verwirft die Inspiration, den Einhauch von oben, für den die *Muse* als Sinnbild erscheint. Genaueres Hinsehn allerdings zeigt, daß nicht die Eingebung verworfen wird, sondern die Inanspruchnahme einer höheren Weihe für die eigenen *Grillen.*

Eine *Grille* allerdings ist nach den Worten des Autors auch das, wofür er selbst den Eindruck erweckte, eine höhere Weihe erschleichen zu wollen: seine Poetik der Fabel. Das Wort betont den Eigensinn, das Sonderlingshafte, mit dem sich jemand auf etwas versteift. Keineswegs also – so ist die Fabel zu lesen – will der Verfasser den *Mährchen* des LA FONTAINE mit ihrem *leichten poetischen Schmuck* den Wert oder das Daseinsrecht bestreiten. Er selbst begibt sich ja zunächst an den locus amoenus, *in der einsamsten Tiefe des Waldes, an einem sanften Wasserfalle,* um wieder einmal in der Art dieses großen Mannes zu dichten. Doch aus Gründen, die einerseits in der Fabel nicht genannt, andrerseits durch den Ausdruck *Grillen* in ihrer Geltung deutlich beschränkt sind, erscheint dem Autor eine andere Art der Fabelbehandlung geraten. Es ist die, in der es nicht um die Unterhaltung eines verwöhnten Publikums durch die kunstvolle Schlichtheit urbaner Plaudereien geht, sondern die, mit der belehrt wird, und zwar in knapper, dialektisch pointierter Prosa, in einer Form, die zum Mitdenken, zur logischen und moralischen Auseinandersetzung zwingt. Das Eingangsstück soll zeigen, welches Vergnügen auch diese Art der Fabeldichtung gewährt.

Exkurs über das Verhältnis der Fabel zur Theorie

Der Verfasser hat seine Fabeln zusammen mit einer Reihe von Abhandlungen über diese Gattung herausgegeben. Er wollte seine Praxis und seine Theorie als Einheit betrachtet wissen. Der Forschung erscheint die Theorie des Verfassers als eine, „an die er sich auch weitgehend hält" (L:F 86). Dies begünstigt die Bereitschaft des Lesers, die Theorie in der einzelnen Fabel wiederzuerkennen. Es kann dazu verleiten, die Theorie als das Wichtigere, die Fabel allein als Beleg zu betrachten, was umso bedenklicher ist, wenn die Fabel nur flüchtig betrachtet und die Theorie nicht selbst studiert, sondern nur in einer Zusammenfassung zur Kenntnis genommen wird.

So liest man z. B., der Verfasser habe „sich intensiv mit der La Fontainschen Manier auseinandergesetzt und scharf gegen sie Stellung genommen: er verurteilt jede unnötige Abschweifung, jede epische Ausgestaltung; die Fabel muß bei ihm epigrammatisch kurz sein" (L:F 78). Das ist richtig. Unsre Fabel freilich gibt keinerlei Anhalt für diese Kritik an LA FONTAINE. Wie steht es also um das Verhältnis der Fabel zur Theorie? In einer seiner Untersuchungen schreibt der Verfasser: „Dieses sonderbare [d. h. hervorragende] Genie La Fontaine! Nein wider ihn selbst habe ich nichts; aber wider seine Nachahmer; wider seine blinden Verehrer! [...] Er wußte es, daß die Kürze die Seele der Fabel sey; er gestand es zu, daß es ihr vornehmster Schmuck sey, ganz und gar keinen Schmuck zu haben. Er bekannte [...] mit der liebenswürdigsten Aufrichtigkeit, ‚daß man die zierliche Präcision und die ausseror-‚dentliche Kürze, durch die sich Phädrus so sehr empfehle, in ‚seinen Fabeln nicht finden werde. Es wären dieses Eigenschaften, ‚die zu erreichen, ihn seine Sprache zum Theil verhindert hätte ‚[...].' Alle die Lustigkeit, sagt er, durch die ich meine Fabeln aufgestützt habe, soll weiter nichts als eine etwaige Schadloshaltung für wesentlichere Schönheiten seyn, die ich ihnen zu ertheilen zu unvermögend gewesen bin."[122]

Freilich ist festzuhalten, was der Verfasser an einer andern Stelle, desselben Aufsatzes sagt: daß er „mit der allzumuntern, und leicht auf Umwege führenden Erzehlungsart des la Fontaine nicht zufrieden war"[123]. Diese Bemerkung ist wichtig im Hinblick auf unsere Fabel. Hören wir aber erst, wie der Autor in seiner Erörterung fortfährt: „mußte ich darum auf das andere Extremum verfallen? Warum wandte ich mich nicht auf die Mittelstraße des Phädrus und erzehlte in der zierlichen Kürze des Römers, aber doch [wie LA FONTAINE] in Versen? [...] Was will ich [...] darauf antworten? [...] ich fühlte mich zu unfähig, jene zierliche Kürze in Versen zu erreichen. [...] Ich habe die Versification nie so in meiner Gewalt gehabt, daß ich auf keine Weise besorgen dürfen, das Sylbenmaaß und der Reim werde hier und da den Meister über mich spielen. Geschähe das, so wäre es ja um die Kürze gethan, und vielleicht noch um mehr wesentliche Eigenschaften der guten Fabel."[124]

Der Sachverhalt ist also der, daß einer, LA FONTAINE, vom gemeinsamen Ideal der kurzen Versfabel die Kürze, der andre, unser Autor, den Vers geopfert hat; jeder aus einem andern charakteristischen Unvermögen heraus – wenn man ihnen glauben darf.

Warum gibt sich der Dichter in seiner Eröffnungsfabel, die er sichtlich als Programmstück behandelt, zunächst als Jünger des LA FONTAINE? Die Antwort scheint einfach: um sich von ihm abkehren zu können. Begründet wird aber diese Abkehr nicht mit irgendwelchen Grundsätzen, sondern mit dem *Unvermögen* des Autors. Demnach wäre die Fabel ein genaues Abbild der Situation, die sich aus den Zitaten der theoretischen Ausführung ergibt. Nur, daß die Fabel von irgendwelchen Vorbehalten gegenüber LA FONTAINE nichts enthält, insofern also nur unvollständig der Theorie entspricht. Daß die eigne Position durch den anerkannten Einwand, sie erkläre sich aus *Unvermögen*, geschwächt wird, darin stimmt die Fabel mit der Theorie überein. Doch ist das Unvermögen jeweils ein andres. In der Fabel ist es das, LA FONTAINE, in der Theorie aber das, die Kürze des PHÄDRUS zu erreichen, die auch LA FONTAINE nicht erreiche.

Außerdem geht die Fabel über die Theorie in einer andern Richtung hinaus. Die Schmucklosigkeit, für die als einziger Schmuck der Fabel plädiert wird, ist in der Theorie eine Forderung, die ohne Ausnahme und Einschränkung gilt. Selbst die Schätzung des PHÄDRUS findet hier ihre Grenze.[125] In der Fabel dagegen wird sie als *Grille* des Verfassers relativiert. Denn als solche wird das Musenorakel, das sie verkündet, am Ende entlarvt. Hat der Verfasser dies als Preis für die Möglichkeit in Kauf genommen, zugleich einen Seitenhieb an diejenigen auszuteilen, die die Weihen einer geheiligten Autorität für ihre Marotten in Anspruch nehmen? Offenbar. Jedenfalls enthält seine Fabel z w e i Lehren: daß die Fabel schmucklos sei und daß man seine Grillen nicht zu Orakelsprüchen einer göttlichen Erscheinung machen soll – wovon die zweite die erste schwächt. Und doch erklärt unser Autor. „Der Fabulist will in Einer Fabel nur Eine Moral zur Intuition bringen [...], damit er unsere Aufmerksamkeit nicht von seinem Zwecke abbringe, oder wenigstens schwäche, indem er sie unter mehrere allgemeine moralische Sätze theilet."[126] Eben dies geschieht, und für die weitgehende Identität von Praxis und Theorie bei unserem Autor ist gerade d i e Fabel, die programmatisch seine Sammlung eröffnet, das ungeeignetste Beispiel.

Die Lektüre der Abhandlungen zeigt noch etwas andres, für das

Verständnis der Fabel Bemerkenswertes. Der Verfasser bezeichnet sich als „eigensinnig"[127] in seinem Beharren auf dem Nutzen der Fabel als ihrem einzigen Zweck. Wie der Zusammenhang zeigt, ist dieser Eigensinn ironisch gemeint: inmitten einer großen allgemeinen Verwirrung über das Wesen der Gattung hält der Autor an solchen theoretischen und praktischen Zeugnissen der Antike fest, die dieses Wesen am reinsten zu bezeichnen und zu verkörpern scheinen. Er ist „eigensinnig" nicht in Bezug auf die Sache, sondern in Bezug auf seine unverständige Mitwelt. Im selben ironischen Sinn bezeichnet er PLATON als „alte[n] Grillenfänger"[128].

Diese Ironie erscheint in der Fabel nicht. Es ist auch nicht möglich, sie aus der Theorie in die Fabel zu projizieren; denn die Ersetzung von *Grille* durch ‚vernünftige Ansicht' ließe sich nur für die Auffassung des Autors, die er der Muse in den Mund legt, als sinnvoll denken, nicht für wirkliche Grillen, die erst als solche das Orakelgewand, in dem sie erscheinen, so unpassend machen. Zwar unterscheidet er sich von den selbsternannten Adepten der Gottheit durch das Eingeständnis seines Betrugs. Doch gibt die Fabel noch keinen Grund zu dem Schluß, daß seine *Grillen* infolgedessen auch keine Grillen mehr seien. Gerade weil sie es sind, wäre es unanständig, eine höhere Autorität dafür zu erdichten. Was von diesen *Grillen*, d.h. von dieser Theorie zu halten ist, entscheidet nicht diese Fabel, sondern die ganze Sammlung, auf die sie verweist. Gerade daß dieses Beispiel nur unvollkommen der Theorie entspricht, gibt ihm das Freie, die spielerische Anmut, die es der Lehre gegenüber so leichtfüßig macht.

Idylle

[17] *Mylon.* [1762]

DEr junge Mylon fieng im Tannen-Hain schlau einen Vogel,
der von Federn schön, doch schöner noch war sein Gesang; er
macht' in holen Händen ihm ein luftig Nest, und bringt voll
Freud' ihn dahin, wo sein Vieh im Schatten lag, und da legt' er
5 *den holen Stroh-Hut auf den Boden hin, thut den gefangnen*
drunter, und eilt schnell zu nahen Weyden, suchet sich die
schlanksten Aeste: denn er will ein schönes Keficht bauen; wenn
ich izt, so sprach der Hirt, das schöne Keficht habe, dann trag
ich, Vogel! dich zu Chloen hin. Für dies Geschenk begehr' ich
10 *dann von ihr, ach! einen süssen Kuß; sie ist nicht wunderlich;*
den giebt sie wol; und giebt sie den, dann raub ich schlau zween,
drey, wol viere noch dazu. O wär' der Bauer nur schon izt

gebaut! So sprach er, und da lief er schnell, die Weyden-Schosse
unter seinem Arm, zu seinem Stroh-Hut hin. Allein wie stund er
15 *traurig da! Der Hut lag umgekehrt durch einen bösen Wind;*
und mit dem Vogel waren seine Küsse weg.

Wer will, kann diesem Genrestückchen eine Moral entnehmen.
Sie müßte dann lauten, daß man, wie die Eier, bevor sie gelegt sind,
auch seine Küsse nicht zählen sollte, bevor sie geküßt sind. Anders
aber als bei der äsopischen Fabel ist das Erstrebte hier nicht die
Belehrung. Es geht um die »douceur, fraîcheur, délicatesse und
sensibilité« (MELCHIOR GRIMM [B 80]), die der Dichter bei der
Darstellung seiner »charmants pasteurs« (ROUSSEAU [B 79])
erreicht und die das Publikum in dieser Gattung so schätzte.

Das Wort εἰδύλλιον (eidýllion, lat. idyllium), abgeleitet von εἶδος
(eidos), „äußeres Aussehen", „innere Form, Wesen, Idee"; speziell
literarisch: „Art, Gattung" (B 3), hat man lange als ‚kleines Bild',
‚Bildchen' mißdeutet. Es bezeichnet in der Antike ein „‚kleines,
selbständiges Gedicht', das nach Inhalt und Form nicht näher
bestimmt ist" (B 3). Die geschichtliche Entwicklung hat die Idylle
(eigentlich das Idyll) in den Umkreis der ländlichen Dichtung
geführt, der Hirtenpoesie oder Bukolik. Ihre Merkmale lassen sich
an dem vorliegenden Text in besonderer Klarheit erkennen.

Es ist eine ländliche Szene, gebildet aus *Tannen-Hain, nahen*
Weyden und dem *Schatten*, wo das *Vieh* sich lagert. Durch den
schön gefiederten *Vogel*, der noch schöner singt, als er aussieht,
wird die etwas karge Staffage der Natur ins Geschmückte und
Farbige erweitert. Handelnder ist der *junge Mylon*, ein Hirt.

Mylon (gr. ‚Mühlhaus') ist nur als Orts-, nicht als Personenname bekannt. Wie es scheint, ist er als solcher eine Erfindung des Autors, der bei
der großen Zahl seiner Idyllen um Hirtennamen in Verlegenheit gekommen
sein mag. *Chloe* dagegen ist als Name einer Hirtin oder sonst eines jungen
Landmädchens in der Gattungstradition seit alters bekannt.

Das *Keficht*, das Mylon aus *Weyden-Schossen* bauen und worin
er seiner Chloe den Vogel übergeben will, ist *schön: das schönste*
Keficht; er sucht dazu *die schlanksten Aeste*. Das Einfache stellt
sich zugleich als Erlesenes dar. Und das Geschenk soll als Lohn
einen süssen Kuß einbringen. Es geht um Liebe, um die unschul-
dige Liebe des Landlebens, die in einfacher Umgebung, in einfachen Verhältnissen etwas Einfaches und damit etwas Paradiesisches
sein soll.

Das kleine Mißgeschick, das dem Hirten widerfährt und das der
Darstellung die Pointe gibt, erweist durch seine Geringfügigkeit
das Ganze als ›nuga‹. So nannte man in der Tradition hellenisti-

scher Dichtung ein kleines Stück, bei dem es wenig auf das Dargestellte, aber entscheidend auf die Darstellung ankam. Sie sollte geschliffen sein, durch und durch beherrscht und artistisch vollendet. So begnügt sich auch der Dichter des *Mylon* nicht mit dem Andeuten eines Pastoralklischees, des locus amoenus, und dem Evozieren jener „›Einfalt der Natur‹" und jener „›Empfindungen der Unschuld‹", die er an THEOKRIT, seinem Vorbild, so schätzt (vgl. B 75). Er bemüht sich um Anmut. Diese Anmut wird durch Glätte erstrebt, durch einen sprachlichen Schmelz, der das Genrebild der Idylle überzieht wie die Lasur eine Vase mit Motiven WATTEAUS. Ein Vogelfänger, naschhaft auf Küsse erpicht, eine Figur, die ihr Einfach-Natürliches mit der Grazie des Rokoko darstellt: wer dächte da nicht an Papageno, der neunundzwanzig Jahre später als Mylon die Bühne betritt? Freilich fehlt hier die Musik, und was die Sprache vermag, um diese Musik zu ersetzen, ist allzu gering, um nicht zu sagen allzu dürftig.

Die Gattung verlangte ursprünglich den Vers. So hatte der Autor des *Mylon* mit Versen begonnen. Weil er aber schwer mit seinem Dialekt zu ringen hatte, soll ihm der Dichter und Kunstverständige RAMLER empfohlen haben, „›seine Verse in eine wohlgefügte, harmonische Prose umzugießen‹" (B 76).

Die Herkunft aus dem Vers ist der Prosa dieser Idylle noch anzumerken. Sie bindet sich an ein jambo-trochäisches Pseudometrum, das den Text von Anfang bis Ende beherrscht. Nur einmal wird das regelmäßige Alternieren von ‚hebungsfähigen‘ und ‚Senkungs‘-Silben durch das Eintreten einer ‚doppelten Senkung‘ unterbrochen, bei *hăbĕ, dănn trág ich* (Z. 8). Gelegentliche Spannungen wie *im Tánnen-Háin schläu einen Vógel* (Z. 1), *únd èilt schnéll* (Z. 6), *von ihr, àch! einen süssen Kúß* (Z. 10), *schläu zwèen, dréy* (Z. 11f.) sind nichts, was im Vers nicht normal wäre und die herrschende Gangart durchbräche. Daß dieses Pseudometrum gewollt ist, erweisen an verschiednen Stellen die Mittel, wodurch es bewirkt wird, die Wortstellung und der Metaplasmus. So heißt es nicht, in ordo naturalis, der daktylische Fügung ergäbe: und bríngt ihn voll Fréude dahín, sondern, mit leichter Anastrophe (L 330) und Apokope (L 60, 1), die das jambische Gleichmaß erhalten: *und bríngt voll Fréud’ ihn dáhin.* Mag *suchet* für sucht auch zeitüblich sein, die ‚Elision‘ in *begehr’ ich* eine geläufige umgangssprachliche Verschleifung und *luftig Nest* ein Poetizismus, den seinerzeit auch die Prosa noch kannte, alles also Erscheinungen der consuetudo (L 104), so bewirken sie doch, jede an ihrem Ort, die Bewahrung des ‚Metrums‘. Deutlicher wird dies bei Synkopen wie in *gefangnen* (Z. 5) und *schlanksten* (Z. 7), bei der erwähnten Apokope in *Freud’* (Z. 4), der Paragoge (L 59,1) in *viere* (Z. 12) und dem eingeschalteten *ach!* vor *einen süssen Kuß* (Z. 10), das zugleich an einer Stelle, wo der Inhalt eine leichte Spannung, ein kleines Ritardando für die folgende Überraschung erfordert, durch emphatische Beschwerung einer ‚Senkungssilbe' ‚Anaklasis' bewirkt (Daktylus [*ắch! ĕinĕn*] statt Amphibrachys [*ăch! ĕinĕn*]).

Ein Drittel des Textes ist Rede, das Selbstgespräch des Hirten. Es ist gekennzeichnet durch die Naivität eines papagenohaften Geplappers, das eher in störendem Gleichmaß als in wirklich „wohlgefügte[r] und harmonische[r] Prose" daherkommt. Und der Rest des Textes, die Einleitung und der Schluß, entsprechen dem Ton dieses Plapperns. Sie zeigen dieselbe Glätte, dieselbe stereotype, allzu gefällige und monotone Geschmeidigkeit, die zeitgenössische und spätere Kritiker bewog, von poetischer Armut (HERDER [B 87]), Charakterlosigkeit, wenn auch bei großer Anmut und kindlicher Herzlichkeit (GOETHE [B 81]) und Langweiligkeit (HEGEL [B 1. Aufl. (1967), 14 f.]) zu sprechen. Es bedürfte eingehender Untersuchungen und Darlegungen, um verständlich zu machen, warum die Idyllendichtung, die *Mylon* vertritt, ein literarischer Welterfolg war.

Miniatur

Miniature […]. || Fig. Objet d'art de petite dimension, travaillé avec délicatesse

Petit Larousse

[18] *Ein Brief an den Mond.* [1771]
[…]

Stille glänzende Freundin,

Ich habe Sie lange heimlich geliebt; als ich noch Knabe war pflegt' ich schon in den Wald zu laufen und halbverstohlen hinter'n Bäumen nach Ihnen umzublicken, wenn sie mit bloßer
5 *Brust oder im Negligé einer zerrissenen Nachtwolke vorübergiengen. Einst Abends fragte ich, was Sie immer so unruhig am Himmel wären, und warum Sie nicht bei uns blieben. „Sie hatte, ach!" hub meine Mutter an und setzte mich freundlich auf ihren Schoß, „sie hatte einen kleinen lieben Knaben, der hieß Endy-*
10 *mion, den hat sie verloren und sucht ihn nun allenthalben und kann den Knaben nicht wieder finden" – und mir trat eine Thräne ins Auge. O, Madam! mir ist seitdem oft eine ins Auge getreten. – –*
Sie scheinen ein weiches schwermüthiges Herz zu haben. Der
15 *Himmel über Ihnen ist Tag und Nacht voll Jubel und Freudengeschrei, daß seine Schwellen davon erbeben, aber ich habe Sie nie in der fröhlichen Gesellschaft des Himmels gesehn. Sie gehen*

immer allein und traurig, um unsre Erde herum, wie ein Mäd-
chen um das Begräbniß ihres Geliebten, als wenn das Rauschen
20 *von erstickten Seufzern des Elendes, und der Laut vom Hände-*
ringen und das Geräusch der Verwesung Ihnen süßer wären als
der Päan des Orions und das hohe Allegro von der Harfe des
Siebengestirns. Sanftes sympathetisches Mädchen! Erlauben
Sie, daß ich meinen Gramschleier einen Augenblick vom Gesicht
25 *thue, Ihre Hand zu küssen; erlauben Sie, daß ich Sie zur Ver-*
trauten meiner wehmühtigen Kummerempfindung und melan-
cholischen Schwärmereien mache und in Ihren keuschen Schoß
weine. Und Jupiter breite ein dünnes Rosengewölk über die
Scene! der Leser aber denke sich dies Gemälde, von etlichen
30 *Liebesgöttern gehalten, als ein Cul de Lampe unter dem Vorbe-*
richt dieses sonderbaren Briefwechsels.

Anmerkungen zum Text
Päan (Z. 22): Chorlied zu Ehren eines Gottes.
Cul de Lampe (Z. 30): Vignette am Ende eines Kapitels.

Apostrophen an den Mond sind nichts Seltnes im Zeitalter der
Empfindsamkeit. Als Herzensergießungen in Liedern, Gedichten
und gefühlvollen Romanepisoden gehören sie zum festen Bestand
dieser breiten literarischen Strömung. Ein *Brief* an den Mond
dagegen ist *sonderbar*, zumal ein galanter, der gleichwohl ein
gefühlvoller ist. Es ist ein Kunst-Stück eigner Art, wie es später bei
HEINRICH HEINE gelingt.
   Mit großem Takt ist dem Gefühlvollen ein Raum angewiesen, in
dem es sich ebenso entfalten kann, wie es sich einschränken muß.
Diese Einschränkung bewirkt die ironische Brechung durch das
Galante, die das Gefühlvolle mit der eignen Gegenwirkung ins
Gleichgewicht bringt. Für diese delikate Balance gibt es bei WIE-
LAND, sonst aber in der deutschen Literatur vor 1771 wohl schwer-
lich viel Zeugnis.
   Nach der Anrede, die das Glänzende der Freundin zu einem
‚stille‘ Glänzenden temperiert und damit an den Seelenton der
»Frühen Gräber« bei KLOPSTOCK erinnert („Schöner, stiller
Gefährt' der Nacht!"), bringt die Höflichkeitsform im folgenden
Liebesgeständnis das ironische Korrektiv. Dann spielt die Sprache
beim Rückblick in die Kindheit mit dem treuherzig-volkstümli-
chen *hinter'n Bäumen* ins Naive hinüber, um sogleich mit dem Bild
der *bloße*[n] *Brust* und des *Negligé* den Bereich des Galanten von
neuem zu streifen. Weist das *Negligé* ins Boudoir, so holt die
zerrissene Nachtwolke, aus der es besteht, das Bild wieder heim in
den Kreis der gefühlserfüllten Naturpoesie.

Die folgende Episode ist mehr als ein Beispiel für die Rokoko-Wendung der klassischen Mythologie ins Zierlich-Verspielte. Nicht nur ist die Geschichte der Liebe Selenes zu dem schönen Endymion, der in immerwährenden Schlaf versetzt und ihr dadurch entrückt war, sentimentalisiert: sie ist ins Naive hinübergespielt. In der Erzählung der Mutter wird der Geliebte zum *kleinen lieben Knaben,* den Selene verloren hat und überall sucht. Unvermerkt wird die liebende Frau zur liebenden Mutter, der Mythos zum rührenden Kindermärchen. Ihm *trat eine Thräne ins Auge,* heißt es von dem Knaben, der dieses Märchen auf dem Schoß seiner Mutter vernimmt. *O, Madam!* fährt der galante Erwachsene fort und gesteht, nicht ohne den Unterton einer koketten Selbstironie, daß ihm *seitdem oft eine ins Auge getreten* sei.

Der zweite Abschnitt setzt das ironische Gegeneinander sentimentaler und galanter Facetten fort. Zunächst wird die weiche Schwermut der Dame Luna auf geradezu JEAN PAULische Art in den Jubel des Himmels gesetzt. Die Göttin rückt dabei in den ursprünglichen Rahmen des Mythos zurück, wenn es heißt, sie gehe *um unsre Erde herum, wie ein Mädchen um das Begräbniß ihres Geliebten.* Endymion, der von Hypnos (Schlaf), dem Bruder des Todes, in Schlaf Versenkte, ist für die Göttin des Mondes wie tot. Ihre Betrübnis wird förmlich zu melancholischem Weltschmerz in der Hingabe an das *Rauschen von erstickten Seufzern des Elendes,* den *Laut vom Händeringen* und das *Geräusch der Verwesung, die ihr süßer* erschienen als Himmelsmusik. Diese ›Night-Thoughts‹ zerstreuen sich aber oder lichten sich in der halbhumoristischen Emphase der Schlußapostrophe. Der erbetene Handkuß und die Erlaubnis für den Schreiber, seine *wehmüthigen Kummerempfindung*en *und melancholischen Schwärmereien* in ihren *keuschen Schoß* zu weinen, bereiten mit ihrer graziösen Komik den Schnörkel vor, mit dem der Autor in eleganter Wendung von der Empfängerin als angeredeter Person auf den Leser voltigiert.

Die Kultur des Rokoko war eine gesellige Kultur, der Kult der Einsamkeit nicht ihre, sondern eine empfindsame Errungenschaft. Indem er den Leser hereinholt, das ohnehin ironisch getönte Bild zur *Scene* erklärt, zum *Gemälde,* von *Rosengewölk* überzogen und von *Liebesgöttern* gehalten, und es so, als Schlußvignette, dem Leser empfiehlt, bewirkt der Autor eine Korrektur, eine Neutralisierung der Empfindsamkeit durch das Gegengift des Preziösen. Damit ist nicht gemeint, daß er dies schrieb, um literarisch Partei zu ergreifen. Sein Brief an den Mond ist kein Pamphlet, kein kritisches Votum. Es ist beschreibend gemeint. Er bedient sich des galanten und des empfindsamen Stils, um ein kleines Stück, eine Serenade, damit zu musizieren. Wenn es den Kenner erfreut, so ist alles erreicht, was der Autor bezweckte – ein Autor übrigens, dem moralische, sittliche und religiöse Erziehung in einem großen Teil seines Œuvre das erste Gebot war.

Anekdote in zweierlei Fassung

Quelle (1808)

[19] *Vor geraumer Zeit kam Jemand unaufgefordert zu einem französischen Kommandanten in den preußischen Staaten, und wollte ihm verraten, wo man eine Quantität Bauholz verborgen habe. Der brave Kommandant wies ihn ab, und sagte: ›Lassen Sie Ihrem guten König das Holz, damit er einst Galgen bauen könne, um solche niederträchtigen Verräter, wie Sie sind, daran aufzuhängen.‹*

Diese Anekdote bildet den Stoff für zwei Bearbeitungen, die deshalb bemerkenswert sind, weil sie von Autoren stammen, die als „Urväter der neueren deutschen Anekdote" gelten (HANS FRANCK [G 57]) und ganz verschiedene Formen dieser Gattung entwickelt haben.

„Mit Anekdote [vom Griechischen ἀνέκδοτον (anékdoton) = nicht herausgegeben] bezeichnete man [...] ursprünglich die aus irgendwelchen Gründen nicht publizierten oder absichtlich geheimgehaltenen Aufzeichnungen" (G 4). HEINZ GROTHE charakterisiert die Gattung, wie sie sich in Europa im Laufe der Jahrhunderte herausgebildet hat, als „knappe, auf eine Pointe zugeführte Erzählung, die [...] eine bemerkenswerte, unbekannte Begebenheit in erstaunlicher Zuspitzung erzählt, die für einen Menschen [...], für einen Stand, eine Gesellschaft, für eine Überzeugung, für eine Idee, für einen Zeitzustand eine blitzartige Erhellung [gibt]" (G 8).

Unser Beispiel ist mit dieser Charakteristik durchaus erfaßt. Wofür gibt die Begebenheit, die darin erzählt wird, eine blitzartige Erhellung? Für einen „Zeitzustand" (Krieg oder Besatzungszeit), der bestimmte Verhaltensweisen begünstigt, die zu erwarten sind, und andere zuläßt, die weniger zu erwarten sind; zugleich für „Menschen", *brave* und *niederträchtige*; auch für eine „Überzeugung": daß die Niedertracht eines Verräters selbst von dem ihren gerechten Lohn verdient, den der Verrat begünstigen müßte. Das Beispiel läßt sich also der Gruppe der historischen Anekdoten ebenso zuordnen wie denen der politischen und der moralischen. Es bestätigt zugleich die Sätze, daß die Anekdote ein Kind der Geschichte sei (G 87) und daß sie keinen Autor, sondern nur einen Erzähler habe (G 15): der Autor ist unbekannt (der Erzähler in diesem Fall auch).

Der Stil könnte nicht knapper sein, als er ist, oder kaum. Einzusparen wären allenfalls die Bemerkungen, daß der Kommandant brav sei und daß er den Verräter abgewiesen habe; beides geht aus seiner Antwort hervor. Daß er als Franzose den preußischen König einen guten König und den Denunzianten nicht nur einen Verräter, sondern einen niederträchtigen Verräter nennt, charakterisiert ihn. Beides unterstreicht zudem die patriotische Tendenz. Daß es wesentlich um diese Tendenz geht, ist unverkennbar. Die Anekdote, hier mit 1808 datiert, weil sie in dieser Form den beiden Bearbeitern vorlag, erschien zuerst 1807. *Vor geraumer Zeit* deutet also auf einen Zeitpunkt zwischen der Niederlage Preußens 1806 und der Gegenwart von 1807. Es deutet auf eine konkrete geschichtliche Situation (ohne daß diese Situation die Geltung der Anekdote beschränkte). Nicht dagegen deutet es auf ein konkretes Ereignis. Für die Anekdote ist nicht entscheidend, daß sich das Berichtete zugetragen hat, sondern daß es sich zugetragen haben könnte.

Da es nicht um eine Personen-, sondern eine Begebenheitsanekdote geht, spielt auch die Identität der Beteiligten keine Rolle: *Jemand* und ‚ein‘ französischer Kommandant. Auch die Umstände sind weiter nicht wichtig, weder der Ort (irgendwo *in den preußischen Staaten*) noch die Sache (*eine Quantität Bauholz*). Daß es sich um Holz handelt, erfordert nicht die historische Treue oder die realistische Akribie, sondern die Pointe.

Das erzählerische Material ist so gewählt und verwendet, daß sich allein die Situation daraus ergibt, ohne Beiwerk und Umschweif. Die Situation ist so gebildet, daß die historisch-politisch-moralische Sache, um die es geht, die Verdammung des Verrats, sich deutlich und eindrucksvoll in ihr darstellt.

Gelockerte Form

[20] *Schlechter Lohn.* [1809]

Als im letzten preußischen Krieg der Franzos nach Berlin kam, in die Residenzstadt des Königs von Preußen, da wurde unter anderm viel königliches Eigentum weggenommen und fortgeführt oder verkauft. Denn der Krieg bringt nichts, er holt.
5 *Was noch so gut verborgen war, wurde entdeckt und manches davon zur Beute gemacht, doch nicht alles. Ein großer Vorrat von königlichem Bauholz blieb lange unverraten und unversehrt. Doch kam zuletzt noch ein Spitzbube von des Königs eigenen Unterthanen, dachte, da ist ein gutes Trinkgeld zu*
10 *verdienen, und zeigte dem französischen Kommandanten mit*

schmunzlicher Miene und spitzbübischen Augen an, was für ein
schönes Quantum von eichenen und tannenen Baustämmen
noch da und da beisammen liege, woraus manch Tausend
Gulden zu lösen wäre. Aber der brave Kommandant gab
15 *schlechten Dank für die Verräterei, und sagte: „Laßt Ihr die*
schönen Baustämme nur liegen, wo sie sind. Man muß dem
Feind nicht sein Notwendigstes nehmen. Denn wenn Euer
König wieder ins Land kommt, so braucht er Holz zu neuen
Galgen für so ehrliche Unterthanen, wie Ihr einer seid."
20 *Das muß der rheinländische Hausfreund loben, und wollte*
gern aus seinem eigenen Wald ein paar Stämmlein auch herge-
ben, wenn's fehlen sollte.

Der Stoff der Quelle ist in dieser Bearbeitung aufgegangen. Es ist
aber weniger eine neue Anekdote daraus geworden als eine Kalendergeschichte. So nennt man „belehrende Aufsätze (Ratschläge,
Anweisungen, Rezepte, Praktiken), später auch Erzählungen,
Schwänke, Legenden, Satiren"[129], die man Kalendern beigab. Sie
waren bei Lesern aller Stände außerordentlich beliebt und weit
verbreitet. „Historisch betrachtet", schreibt HEINZ GROTHE,
„besitzt die Anekdote originäre Ursprungsrechte gegenüber der
Kalendergeschichte. Sie ist bisweilen in die Kalendergeschichte
eingeflossen, von ihr aufgenommen und verarbeitet worden zu
neuer, eigener Prosaform [...]"; d.h. sie wurde so behandelt, daß
man sie „in das Gesamtbild einer solchen Publikation einbauen
konnte" (G 27). Um die Kalendergeschichte zu kennzeichnen,
spricht GROTHE von biblischer Schlichtheit, edler Einfalt und
Volkstümlichkeit und nennt Erbauung als Ziel (G 27). Diese
Eigenschaften sind hier zu beobachten; biblisch freilich ist die
Schlichtheit nicht, dafür ist sie allzu verliebt in die eigene
,Schmunzlichkeit'.
Der Umfang hat sich der Anekdote gegenüber mehr als verdrei-
facht. An die Stelle des Lakonischen ist das Pläsierliche getreten.
Mit der Breite eines gemächlichen Behagens werden die näheren
Umstände ausgeführt, detaillierende Züge, sei's malender, sei's
motivierender, sei's einfach verbreiternder Art, hineingebracht,
Sentenzen eingeschaltet, Kommentare angefügt. Die Konkretisie-
rung, die so zum Teil erreicht wird, dient aber nicht realistischer
Schärfung; sie trägt, wie alle übrige Zutat, zu jenem Polster bei, mit
dem die Behäbigkeit des Erzählens das Skelett der Anekdote
umgibt.
Das historische Detail ist gewachsen. Der Ort der Begebenheit
liegt nun fest; es ist *Berlin.* Der Zusatz, daß dies *die Residenzstadt*

des Königs von Preußen sei, ist auch für schlichtere Leser als Auskunft entbehrlich. Er dient dazu, indem er unterstreicht, den Hintergrund der großen Weltbegebenheiten – ein beliebtes Element unterhaltenden Erzählens – in die Geschichte hineinzuziehn. Der König, der außer Landes ist (Z. 17f.), muß es dulden, nicht nur irgendwo, sondern in seiner Hauptstadt vom Feind beraubt und von seinen *eigenen Unterthanen* (Z. 9) verraten zu werden. Außerdem ist die Residenz ein Ort, wo sich *königliches Eigentum* in Menge findet, so daß die Suche danach und was damit zusammenhängt in gehöriger Breite ausgeführt werden kann. Das Requirieren hätte sich in einem Satz erzählen lassen: *da wurde unter anderm viel königliches Eigentum weggenommen.* Doch wird hinzugefügt: *und fortgeführt oder verkauft.* Nicht genug damit, es folgt noch eine Sentenz: *denn der Krieg bringt nichts, er holt.* Man glaubt den Autor zu sehn, wie er den Leser nötigt – den Gevatter Leser, der selbst vielleicht vom Krieg gelitten hat – mit einem Seufzer, einem ergebnen Ja-so-geht's-zu-auf-der-Welt hier beizupflichten.

Das Requirieren wird weiter geschildert: *Was noch so gut verborgen war, wurde entdeckt und manches davon zur Beute gemacht.* Auf Ausnahmen – in *manches* schon angedeutet – wird ausdrücklich verwiesen: *doch nicht alles.* Das Beispiel folgt. Aus der „Quantität Bauholz" – so die Vorlage – wird *ein großer Vorrat von königlichem Bauholz* und *ein schönes Quantum von eichenen und tannenen Baustämmen, woraus manch Tausend Gulden zu lösen wäre;* aus dem „Holz" in der Antwort des Kommandanten *die schönen Baustämme;* aus „Jemand" *ein Spitzbube von des Königs eigenen Unterthanen,* der *mit schmunzlicher Miene und spitzbübischen Augen* seine Anzeige erstattet, weil er hofft, *ein gutes Trinkgeld zu verdienen,* und sich vom Kommandanten als ‚ehrlicher Unterthan' bezeichnen lassen muß. Die Ironie hat nichts Schneidendes. Gegenüber dem „niederträchtige[n] Verräter" der Quelle erscheint sie als harmlos; wie sich auch die Verräterei, die nicht aus ‚Niedertracht' verübt wird, sondern nur aus ‚Spitzbüberei' vergleichsweise harmlos und eher beschönigend ausnimmt.

Auch mit den *Galgen* wird es so schrecklich nicht sein. Sie sind ja nur angedroht. Und wenn *der rheinländische Hausfreund* dergleichen Drohungen *loben* muß und *aus seinem eigenen Wald ein paar Stämmlein auch hergeben* will, *wenn's fehlen sollte,* so ist im Ernst nicht zu fürchten, daß ein gemütlicher Mann wie er so ungemütlich werden könnte, alle schmunzlichen Spitzbuben wegen einer kleinen Verräterei an den Galgen zu bringen. Denn ›le style, c'est l'homme même‹, und im betulichen Fabulieren dieses Stils ist für wirkliche Galgen kein Platz.

Gespannte Form

[21] *Franzosen-Billigkeit.* [1810]
(wert in Erz gegraben zu werden.)

Zu dem französischen General Hulin kam, während des Kriegs, ein ... Bürger, und gab, behufs einer kriegsrechtlichen Beschlagnehmung, zu des Feindes Besten, eine Anzahl, im Pontonhof liegender, Stämme an. Der General, der sich eben anzog, sagte: Nein, mein Freund; diese Stämme können wir nicht nehmen. – „Warum nicht?" fragte der Bürger. „Es ist königliches Eigentum." – Eben darum, sprach der General, indem er ihn flüchtig ansah. Der König von Preußen braucht dergleichen Stämme, um solche Schurken daran hängen zu lassen, wie er. –

Die Anekdote stellt sich in dieser Fassung wieder als Anekdote dar. Der Umfang ist gegenüber der Quelle nur unbeträchtlich vermehrt. Hat sich die allgemeine Tendenz, die dort zu beobachten war, geändert?

Der „Kommandant" ist nun der *General Hulin.* Das zeitgenössische Publikum, zumal in Berlin, wo die Anekdote in dieser Form zum erstenmal veröffentlicht wurde, wird gewußt haben, daß *während des Kriegs* der *General Hulin* in Berlin war. Auch der *Pontonhof,* ein Artilleriedepot auf der Nordseite der Straße Unter den Linden an der Wilhelmstraße[130], weist in diese Stadt. Der › ... Bürger‹ wird wohl ein Berliner gewesen sein, jedenfalls einer, der sich auskannte in der Stadt.

Soll durch die Aussparung seiner Herkunft der Ruf einer bestimmten Bevölkerung geschont werden, gleichsam als sollte ihr durch die Möglichkeit, daß der Bürger ja auch ein Fremder sein könne, eine gewisse Notorität erspart bleiben? Schwieriger scheint die andre Deutung, wonach das Offenlassen dem Berichteten Allgemeingültigkeit erhalten soll: die übrige Fixierung steht dem entgegen. Es sei denn, man betrachtet sie nicht als historische Genauigkeit, sondern als stilistisches Mittel.

Der erste Satz hat durchaus etwas Aktenmäßiges. Er zitiert den Protokollstil eines amtlichen Dokuments. Alle Umstände, die für eine rechtliche Würdigung von Delang sind, werden in ein komplexes Gefüge zusammengedrängt. Im stilistischen Kontext erwecken die Punkte fast den Eindruck der Kürzung beim Zitieren aus beglaubigter Quelle.

Was angestrebt wird, ist realistische Vergegenwärtigung. Der erste Teil, der Bericht, erschafft den Eindruck des Konkreten, Authentischen durch die Bestimmtheit, mit der die Daten und Fakten in nüchternster und konzentriertester Form berichtet werden. Die „Quantität Bauholz" der Quelle wird zu einer *Anzahl* [...] *Stämme*, ebenso lapidar; „Jemand" zu einem *Bürger*; das Verraten-Wollen zum Angeben; der unbestimmte Ort, wo man das Holz verborgen hatte, zum *Pontonhof.*

Der zweite Teil, der Dialog, erreicht das Ziel realistischer Vergegenwärtigung auf andere Weise. Einmal durch den schnellen Wechsel von Rede und Gegenrede, wobei der Einwand des Bürgers (*Warum nicht? [...] Es ist königliches Eigentum*) mit seiner Form als selbständiger Dialogabschnitt den Landesverrat, um den es hier geht, besonders heraushebt. Zum andern durch den „Momentaufnahmecharakter" (G 8) der knappen, aber außerordentlich scharfen Bezeichnung der Situation. Der General ist eben dabei sich anzuziehn. Er fertigt den Verräter, indem er ihn flüchtig ansieht, zwischen Tür und Angel ab, mit der oberflächlichen Neugier, mit der man zuweilen ein lästiges Insekt verjagt. Trotz der beiläufigen Flüchtigkeit büßt die Abweisung des Denunzianten an Schärfe nichts ein. Er wird nicht zu einem „treue[n] Unterthanen" verharmlost, sondern bleibt, was er in der Quelle schon war: dort ein „niederträchtige[r] Verräter", hier ein *Schurke.*

Zusammenfassung

Wie die Fabel kann die Anekdote zu lehrhafter, polemischer oder sarkastischer Schärfe geschliffen werden. Entschiedne patriotische Tendenz zeigt hier die Quelle.

Die erste Fassung verleugnet diese Tendenz zwar nicht; im Gegenteil, die Schlußbemerkung scheint sie durchaus zu betonen. Doch löst die Erzählhaltung, das Behagliche des Vortrags, die Entschiedenheit wieder auf. Der Kasus und die harte Schärfe seiner Präsentation verwandeln sich zum vergnüglich Erzählten. Die Lust zu fabulieren überschwemmt den ‚Satz' und erweicht die Demonstration.

Die zweite Fassung bewahrt die Tendenz in völliger Reinheit. Der Präsentation wird nichts von ihrer sinnfälligen Schärfe genommen. Die Darstellungsmittel, die auf Eindringlichkeit, auf lebendiges Relief abzielen, erhalten den ‚Fall' und liefern zugleich mit ihrer plastischen Kraft ein Beispiel für die Anekdote als literarische Kunst.[131]

Schwärmerische Exaltation

Aus einem *Geheimen Tagebuch* von 1771

[22] *Des Abends war ich ganz allein und empfand einigen Trieb zur Andacht. Ich fieng an zu singen:* ›Oft klagt dein Herz‹ *etc. und* ›Nach einer Prüfung kurzer Tage‹ *etc. Mein Gemüth wurde innigst bewegt, und meine stille Freude gieng nach und nach bis zu einer wirklichen Entzückung fort – Eine Freudenthräne schlug die andere; mir ward so unaussprechlich wohl, daß ich auf mein Angesicht niedersank, alles um mich her vergaß, und nur Gott fühlte. Ich empfand meine tiefe Ohnmacht, Leerheit, mein Nichts – und Gott – ach! wie unaussprechlich empfand ich dich, du lebendiges Wesen! – Gott, alles in allen! Ich bethete mit einer so mächtigen, durchdringenden, Gott umfassenden Kraft, mit einer solchen Demuth, Andacht, Inbrunst, Freudigkeit, daß ich mich ganz in ein neues Leben versetzt zu seyn glaubte. Unaussprechlich lebendig wurden mir einige Wahrheiten und Schriftstellen, insonderheit war ich ganz durchdrungen von den Worten:* ›In ihm leben, weben, und sind wir‹. *Hier, hier, wo ich bethe, ist der Unendliche! mein Schöpfer (o wie unbeschreiblich viel empfand ich bey diesem Worte: mein Schöpfer!) hier – der Geist aller Geister, der von Ewigkeit zu Ewigkeit lebt – der Schöpfer aller Welten – der, der mit Mose und Abraham, und Jesaia, und Paulo und Johanne redete, der Vater aller – Er, dessen Hauch ich bin, – mein – mein Schöpfer – wie viel tausendmal habe ich deiner vergessen! Vater im Verborgenen! Gegenwärtiger! Unsichtbarer! – – – Mein Gebeth war auch von so umfassender Kraft. Alle meine Hausgenossen, Freunde, Mitbürger, Feinde, alle Christen, Menschen waren darinn begriffen; ich drang bis an die entferntesten Meere; in die tieffsten Bergwerke – Gefängnisse – ich umfaßte im Geiste alles was Mensch heißt – gegenwärtige und künftige Zeiten – und Nationen – Kinder im Mutterleibe – Verstorbene – Verdammte, ja – den Satan selber – alle trug ich Gott mit innigster Liebe und mit einem tiefen Gefühle meines Nichts, unter einem Strome von heissen Liebes- und Freudenthränen dem so nahen Unendlichen vor – Er sollte aller, aller sich ewig erbarmen – du bist ja die Liebe – die Liebe – die Liebe – und hast dich auch meiner, des Unwürdigsten aller Unwürdigen, erbarmet – Schöpfer aller! Vater aller! Liebe! Liebe! werde bald alles in allen – und noch weit mehr, als ich aussprechen kann, empfand ich –*

Der Text berichtet von einer *Entzückung*, in die der Verfasser durch das lebhafte Empfinden von Gottes Nähe geriet. Es ist die

Wiedergabe eines Gebets und der Gefühle, die dieses Gebet inspirierten und begleiteten.

Drei Partien sind in der Aufzeichnung zu unterscheiden: 1) Die Schilderung, wie aus Andacht und Singen die *Entzückung* erwächst, in der nur Gott noch gefühlt wird, 2) die aus der Ohnmacht hervorbrechende Kraft des Gebets mit dem Durchdrungenwerden von biblischen Wahrheiten, 3) die umfassende Macht des Gebets, die alles, was es gibt, der göttlichen Erbarmung empfiehlt. Eine klare kompositorische Struktur allerdings tritt bei der Einförmigkeit von Thema und Ton nicht hervor.

Die Wirkung beruht zur Hauptsache darauf, daß die Erregung des Gebets durch abgerissene Zitate in die Wiedergabe hineinströmt. Das macht den Text zum Erguß, verleiht ihm sein ekstatisches Pathos. Daß an diesem Pathos etwas „verdächtig" erscheinen könnte, war dem Verfasser bewußt: er hielt es für richtig, sich in einer anschließenden Bemerkung gegen den Vorwurf der Exaltation zu verwahren. Er erklärt dabei, daß „mein Herz und mein Kopf gleich weit von Schwärmerey entfernt sind", und fügt hinzu, daß „lebhafte Empfindungen der Wahrheit" „unmöglich schwärmerisch" sein könnten, „wenn sie auch gleich nicht in unserer Gewalt stehen sollten". Dies letzte besagt, daß die Empfindungen, von denen er spricht, ‚überwältigend' gewesen seien – unbeherrscht ist vielleicht ein besseres Wort. Wir beziehn es auf das, was hier geschildert wird, und auf die Art seines Ausdrucks, den Stil. (Der Verfasser selbst unterscheidet bezeichnenderweise nicht zwischen der Wahrheit des Empfundenen und der Glaubwürdigkeit des Empfindens bzw. seiner Bekundung im Wort.)

Fünfmal wird uns versichert, daß es um Unaussprechliches geht. Das erinnert an die notvolle Sprache der Mystik, die angesichts des höchsten Erlebens, der Einung der Seele mit Gott, ihre Ohnmacht erklärt. Als mystisch ist dieser Text aber nicht zu bezeichnen, jedenfalls nicht in einem spezifischen Sinn. Denn die mystische Seele ist die Seele, die sich durch Exerzitien diszipliniert und um Gott zu erfahren den Weg des Stillwerdens, der Entäußerung geht. Hier dagegen wird gestürmt und gedrängt. Statt ‚ledig' zu sein, ist das Gemüt des Autors *innigst bewegt*. Sein Trieb zur Andacht – ein verlangender Trieb – wird durch das Singen noch weiter forciert. Rückblickend entsteht der Eindruck, als hatte der Autor sich weniger diesem Trieb überlassen als sich mit Gewalt in ihn hineingesteigert. Zwar vergißt er alles um sich her – wie ein Mystiker – und fühlt *nur Gott*, auch empfindet er seine *tiefe Ohnmacht, Leerheit*, sein *Nichts*; aber er betet dann *mit einer so mächtigen, durchdringenden, Gott umfassenden Kraft*, daß wir geradezu das

Gegenteil von mystischem Erlöschen und Ersterben in diesem Verhalten erblicken. Nicht erfüllt sich die Seele mit Gott, sondern sie wühlt sich in ihn hinein.

Befremdlich ist das paradoxe und nicht recht nachvollziehbare Nebeneinander von *Ohnmacht* und *Kraft*: *ich umfaßte im Geiste alles was Mensch heißt* [...] *– alle trug ich* [...] *mit einem tiefen Gefühle meines Nichts* [...] *dem so nahen Unendlichen vor.* Wie kann eine Seele, die sich zutiefst als *Nichts* empfindet, mit *umfassender Kraft* die Menschheit und selbst noch den Satan Gott ‚vortragen', ohne daß dieses *Nichts* von einem erheblichen Selbstbewußtsein erfüllt ist?[132] Gewiß, auch das Paradox ist ein Kennzeichen mystischer Sprache, doch bekundet es dort das Bemühen, die äußerste Annäherung an eine erstrebte Genauigkeit zu erreichen. Vom Streben nach Genauigkeit ist hier nichts zu spüren. Dabei verlangt doch gerade die Erregtheit und Ambivalenz der Emotion, das Widersprüchliche und Ausnahmehafte des geschilderten Zustands die Fähigkeit einer differenzierten Gestaltung.

Statt dessen ist die Sprache pathetisch ohne Prägnanz. Zu diesem formlosen Pathos gehören die undifferenzierten Periphrasen, Variationen und Wiederholungen, das einundzwanzigmalige Berufen oder Anreden Gottes, die religiösen Klischees, das Schwelgen in Superlativen, die gestikulierende Interpunktion mit ihren 13 Ausrufezeichen und 31 Gedankenstrichen. Es ergibt sich der Eindruck, als sollten Emphase und Lautstärke ersetzen, was die Sprache als solche nicht leistet –: *mein Schöpfer (o wie unbeschreiblich viel empfand ich bey diesem Worte: mein Schöpfer!).* Die einzige Differenzierung, die hier erfolgt, ist das Einbeziehn des Possessivpronomens in die Hervorhebung. Sonst ist die Parenthese leer. Worin das unbeschreiblich Viele besteht, das empfunden wurde, ist nicht, auch durch kein Beispiel, verdeutlicht. Oder: *der Geist aller Geister, der von Ewigkeit zu Ewigkeit lebt – der Schöpfer aller Welten* usw.: eine Kette von Floskeln – durch die Bibel geheiligt und von Zeitgenossen wie Vorlebenden auf dichterische Wirksamkeit hin erprobt – bei der die Sprache sich sozusagen selbst überlassen bleibt, im Vertrauen auf den Automatismus der Grandiloquenz. Gedanklich und stimmungsmäßig muß sich alles aus dem zusammengeworfenen Material der Liturgie, des Gebets, des Kirchenlieds und der ‚himmlischen Stellen' bei KLOPSTOCK erzeugen, dessen Odenpathos und »Messias«-Rhetorik als überdeutliches Vorbild erscheint. „[...] warum kann ich mit meinem Schöpfer anders nicht als mit den Worten eines andern [...] reden?" klagt der Verfasser denn auch auf S. 48 dieses Journals.

Von der ‚visionären Kühnheit' der Vorstellungen her erreicht der

Text seinen Höhepunkt in der Hyperbolik des letzten Teils, einer klimaktischen amplificatio (L 72): *ich drang bis an die entferntesten Meere; in die tieffsten Bergwerke – Gefängnisse* usw. Ja, selbst *künftige Zeiten* und *Nationen* werden umfaßt. Wir kennen das aus dem »Messias«: „Uriel blickt auf die Seelen der künftigen Menschengeschlechte [...]" (8, v. 379). Sicher findet sich auch für das extremste und theologisch gewagteste Motiv, die Verdammten und den Satan, die Gott *mit innigster Liebe* empfohlen werden, ein Muster.

Wichtiger als die Originalität ist indessen die Frage der Glaubwürdigkeit. Fühlbar gerät der Autor beim ‚Meditieren‘ in Feuer und läßt der Phantasie die Zügel schießen oder genauer: er gibt ihr die Sporen. Er steigert sich in einen Wirbel von Vorstellungen, die er als gedankliche Kühnheit empfindet und zur Schau stellt. Offensichtlich sind diese Vorstellungen nicht, wie es doch den Anschein haben soll, vom Innern empfangen, sondern willentlich produziert. Die Beschaffenheit des Textes (und der Charakter des ganzen Tagebuches) legen an diesem Punkt die Frage nach der Echtheit des Geschilderten als eines religiösen Erlebnisses nahe. Eine Antwort erhalten wir aus Beobachtungen, die der Verfasser als Gegenstand der Sorge und des Vorwurfs in seinem Tagebuch notiert: wie die Worte den Empfindungen vorlaufen (S. 19), wie schnell sich „der Übergang von der ernsthaftesten Andacht zu einem zügellosen Phantasieren" vollzieht (S. 21), wie selbst in seine Tränen sich Eitelkeit zu schleichen scheint (S. 146).

So mischt sich auch hier in das religiöse Erleben literarischer Ehrgeiz. Was der Autor an anderen tadelt, gilt dabei auch für ihn: „Wie oft, dachte ich, muß Imagination Empfindung heißen! Imagination, die vielleicht nur Modewörter, Modebilder eines gewissen Zeitalters mit einigen wenigen neuen Gedanken und halben Empfindungen zu versetzen weiß!" (S. 240 [d.i. 242] f.). Das innigst bewegte Gemüt, die zur Entzückung fortgehende Freude, der Strom von heißen Liebes- und Freudentränen, die innigste Liebe und das tiefe Gefühl dieses Unwürdigsten aller Unwürdigen – es sind die Modewörter und Modebilder der Empfindsamkeit, die diesen Text zu einem klassischen Dokument seines Zeitalters machen. Das Versetzen mit ekstatischem Stammeln erweist ihn noch nicht als genial oder tief oder echt.

Melancholie und Ergebung

Aus *Reise-Anmerckungen* von 1775

[23] *Den 15 April, als am Sonnabend vor Ostern gieng [ich] des Abends nach dem Thee, es mochte etwa ¼ auf sieben seyn, in Hyde Park spazieren, der Mond war eben aufgegangen, voll und schien über Westminsters Abtey her, die Feyerlichkeit des Abends vor einem solchen Tag machte, daß ich meinen Lieblingsbetrachtungen mit wollüstiger Schwermuth nachhieng. Ich schlenderte hierauf Piccadilly und den Heumarckt hinunter nach Whitehall, theils die Statüe Carls des ersten wieder gegen den hellen westlichen Himmel zu betrachten, und theils beym Mond Licht mich meinen Betrachtungen bey dem Banquetting Hauß zu überlassen, dem Haus, aus welchem durch ein Fenster Carl der erste auf das Schaffot trat. Hier fügte sichs, daß [mir] einer von den Leuten begegnete, die sich bey den Orgelmachern Orgeln miethen, davon zuweilen eine 40 bis 50 Pfund Sterling kostet, und damit des Tags sowohl als des Abends auf den Strasen herumziehen, und so lange im gehen spielen bis sie irgend jemand anruft, und sie für Sixpence ihre Stücke durchspielen läßt. Die Orgel war gut, und ich folgte ihm langsam, auf den Fußbäncken, er selbst gieng mitten auf der Strase. Auf einmal fieng er an den vortrefflichen Choral: In allen meinen Thaten zu spielen, so melancholisch, so meiner damaligen Verfassung angemessen daß mich ein unbeschreiblich andächtiger Schauer überlief. Ich dachte da im Monden Licht und unter dem freyen Himmel an meine entfernten Freunde zurück, meine Leiden wurden mir erträglich und verschwanden gantz. Wir waren auf 200 Schritte über dem berühmten Banquetting Hauß weg. Ich rief dem Kerl zu und führte ihn näher nach dem Hauß, wo ich ihn das herrliche Lied spielen ließ. Ich konnte mich nicht enthalten für mich die Worte leise dazu zu singen. Hast du es dann beschlossen, so will ich unverdrossen an mein Verhängniß gehn. Vor mir lag das majestätische Gebäude vom vollen Monde erleuchtet, es war Abend vor Ostern, (der Tod des Mittlers –). Hier zu diesem Fenster stieg Carl heraus um die vergängliche Crone mit der unvergänglichen zu vertauschen. Gott was ist menschliche Größe. [...]*

Auch dies ist eine Tagebuchaufzeichnung (nur wenige Jahre später entstanden als jene). Auch hier klingt ein musikalisches Erlebnis nach, und wie dort ist es ein Choral, den der Verfasser mit besonderer Bewegung vor sich hinsingt. Auch hier ist die Stimmung von Andacht getönt, und auch dies ist ein Zeugnis der Empfindsamkeit: mit Betrachtungen über die Vergänglichkeit, mit dem Vorwalten einer melancholischen Verfassung, mit *wollüstiger Schwermuth* und *andächtige*[m] *Schauer*. Aber wieviel zuchtvoller und urbaner geht es hier zu! Nicht nur von einer inneren Erregung berichtet der Text, sondern zugleich von einem konkreten Ereignis, dem Spaziergang durch London. Das konturiert ihn, macht ihn erlebbarer und welthaltiger.

Der Aufbau hat eine wuchshafte und doch auch ,gebildete' Form, die die drei Motive – Ostersonntag, Karl I., der Choral mit dem Thema der Ergebenheit in die göttliche Schickung – als dreistufigen Zyklus entfaltet: 1) der Gang durch das abendliche London mit den Gedanken, die sich an Karl I. knüpfen, an seine Statue und das Banqueting House, 2) die Begegnung mit dem Leiermann, die sich motivisch, durch den Choral, damit verknüpft, und 3) das Erlebnis des Liedes mit den Betrachtungen über Karfreitag, über Karl und die Vergänglichkeit menschlicher Größe im Angesicht des majestätischen Gebäudes.

Die Stimmung wird aufs natürlichste durch Zeit, Ort und Umstände geweckt oder begünstigt. Die *Feyerlichkeit des Abends vor einem solchen Tag*, das *Mond Licht* und *Westminsters Abtey*, dieses Grabmal für *menschliche Gröse*, vereinigen sich zu einem lebendigen und suggestiven Gefühlshintergrund. Wir hören, daß der Verfasser seinen *Lieblingsbetrachtungen mit wollüstiger Schwermuth nachhieng.* Wir hören aber auch, daß es der *15 April* war, *etwa ¼ auf sieben*, und daß er von *Hyde Park* über *Piccadilly*, den *Heumarckt* nach *Whitehall* und dann, dort, zum *Banquetting Hauß* spazierte. Tag, Uhrzeit und topographisches Detail machen den Text konkret, ohne ihn indessen zu entzaubern. Auch die Atmosphäre ist da: *der Mond war eben aufgegangen, voll und schien über Westminsters Abtey her, die Statüe Carls des ersten* zeichnet sich ab *gegen den hellen westlichen Himmel.* Wiederum sind auch diese Züge nicht zufällig. Beleuchtung und Stimmung setzen ja das Standbild und das historische Gebäude dem Spaziergang und den Betrachtungen erst zum Ziel.

Auch in der Orgelepisode wird von Melancholie und einem *unbeschreiblich andächtigen Schauer* gesprochen. Wie behutsam setzt aber die schriftstellerische Technik dieses Empfindsamkeits-Motiv vor den Hintergrund einer sachlichen Erklärung! Wir hören von *Orgelmachern*, dem Orgelmieten (sogar der Preis der Instrumente wird genannt: es sind ja gute *Orgeln*, anders als unsere Leierkästen) und von den Gewohnheiten der Orgelmänner, die für *Sixpence* ihre Stücke spielen. Liegt nicht etwas wie ein leises ironisches Korrektiv in dem Umstand, daß der ergreifende Choral für *Sixpence* aus einer Drehorgel kommt?

Der Choral bringt nun das Motiv, das die noch etwas tastende Stimmung gewissermaßen präzisiert. Zunächst erweckt das vertraute deutsche Lied in dem fremden Land, *im Monden Licht und unter dem freyen Himmel,* den Gedanken an die *entfernten Freunde.* Eine innere Lösung tritt ein. Es wird aber nicht in diesem Empfinden geschwelgt. Im Gegenteil, vom ganz Persönlichen wendet sich das Gefühl nach dieser Befreiung und Erleichterung in ein Allgemeines. Als er die Worte singt: *Hast du es dann beschlossen, so will ich unverdrossen an mein Verhängniß gehn,* hat sich der Verfasser dem Banqueting House schon wieder zugewandt. Die Ergebung in den göttlichen Willen, die seine Leiden erträglich machte und endlich ganz verschwinden ließ, erscheint ihm jetzt, bedeutsam, im Doppelbezug auf Christus: *der Tod des Mittlers* und Karl: *Hier zu diesem Fenster stieg Carl heraus um die vergängliche Crone gegen die unvergängliche zu vertauschen.* Heilsgeschichtliches und Geschichtliches übergreifen das Persönliche. Geschichte und Zeit – *das majestätische Gebäude* [...], *es war Abend vor Ostern* – sind in der Seele lebendig und geben ihr Nahrung. Bei aller Bewegung verliert sich das Gemüt, die Empfindung doch nicht in sich selbst. Bei der Aufzeichnung dieses Erlebnisses ist eine Beherrschung zugegen, eine Urbanität, die vor Schwärmerei und Exaltationen bewahrt.

Zusammenfassung

Beim Vergleich treten die Unterschiede der beiden Texte durch die Affinität der Motive noch besonders hervor. Dort das Forcierte, Übersteigerte einer Erregung, die nur sich selbst zum Gegenstand hat und auch keine Beglaubigung durch den Ausdruck erfährt. Haltlos wie das Phantasieren ist der sprachliche Gestus, die Gebärde des Stammelns. Mit der Exaltation, der strapazierten Emphase soll die Leere des Empfindsamkeitsvokabulars überspielt werden. Da das Gemüt sich aber nicht faßt, die Empfindung – oder besser: die Imagination kein konkretes Objekt, keinen Kristallisationspunkt gewinnt, zerfließt der Erguß in den Nebeln des Gefühls.

Hier dagegen erklingen zwar auch die Töne der Empfindsamkeit, sogar als zentrales Motiv, und mit Hingabe werden sie musiziert; aber Monotonie kommt nicht auf. Konkretes scheint überall durch. Das Ganze ist mit einem Gerüst von Wirklichkeitsbezügen umbaut, von denen das Empfinden gestützt, der Ausdruck motiviert und gelenkt wird. Der Text ist seelisch durchwärmt, zugleich aber beherrscht und gezügelt.

Denken wir beim ersten Text an ein Aperçu von GOTTFRIED BENN, wonach man Schriftsteller, die ihrem Weltbild sprachlich nicht gewachsen sind, in Deutschland als Seher bezeichnet[133], so beim zweiten an seine Forderung vom Jahre 1950, das Esoterische und Seraphische mit äußerster Vorsicht auf harte realistische Unterlagen zu verteilen[134]. In diesem Text von 1775 ist sie aufs beste erfüllt.

Kritik: Drei Äußerungen über den »Werther«

Warnung

Aus einer Zeitung von 1774

[24] *Weiß nicht, ob's 'n Geschicht' oder'n Gedicht ist; aber ganz natürlich geht's her, und weiß einem die Thränen recht aus'm Kopf heraus zu holen. Ja, die Lieb' ist'n eigen Ding; läßt sich's nicht mit ihr spielen, wie mit einem Vogel. Ich kenne sie, wie sie*
5 *durch Leib und Leben geht, und in jeder Ader zuckt und stört, und mit 'm Kopf und der Vernunft kurzweilt. Der arme Werther! Er hat sonst so feine Einfälle und Gedanken. Wenn er doch eine Reise nach Pareis oder Pecking gethan hätte! So aber wollt' er nicht weg von Feuer und Bratspieß, und wendet sich so*
10 *lange d'ran herum, bis er caput ist. Und das ist eben das Unglück, daß einer bei so viel Geschick und Gaben so schwach sein kann, und darum sollen sie unter der Linde an der Kirchhofmauer neben seinem Grabhügel eine Grasbank machen, daß man sich d'rauf hinsetzte, und den Kopf in die Hand lege, und*
15 *über die menschliche Schwachheit weine. – Aber, wenn du ausgeweinet hast; sanfter guter Jüngling! wenn du ausgeweinet hast; so hebe den Kopf fröhlich auf, und stemme die Hand in die Seite! denn es giebt Tugend, die, wie die Liebe, auch durch Leib und Leben geht, und in jeder Ader zuckt und stört. Sie soll, dem*
20 *Vernehmen nach, nur mit viel Ernst und Streben errungen werden, und deswegen nicht sehr bekannt und beliebt sein; aber wer sie hat, dem soll sie auch dafür reichlich lohnen, bei Sonnenschein und Frost und Regen, und wenn Freund Hain mit der Hippe kommt.*

Diese Äußerung über den »Werther« ist einer fiktiven volkstümlich-treuherzigen Figur in den Mund gelegt, die der Verfasser nach seiner Gewohnheit zwischen sich und das Publikum stellt. Kritik oder Rezension ist offenbar nicht, worauf er es absieht. Wollte man die Anzeige (wie man den Text wohl am besten bezeichnet) als schlichteste Form der Besprechung lesen, ergäbe sich dies für den Inhalt:

> *Der arme Werther! Er hat sonst so feine Einfälle und Gedan-*
> *ken. Wenn er doch eine Reise nach Pareis oder Pecking gethan*
> *hätte! so aber wollt' er nicht weg von Feuer und Bratspieß, und*
> *wendet sich so lange d'ran herum, bis er caput ist.*

Und für die Darstellung dies:

> *ganz natürlich geht's her, und weiß einem die Thränen recht*
> *aus'm Kopf heraus zu holen.*

Ein Kommentar, wie man ihn etwa – von Papageno erwartet. Darum geht es aber nicht. Geredet wird vielmehr, wie bald darauf aus ähnlichem Anlaß ein Verdrossener klagte: „Wieder nicht über die Kunst des Dichters, sondern über die Moralität von Werthers Handlung!"[135] Nichts, was den Roman, wie knapp, wie einfach auch immer, nach dem Maß seines Anspruchs berührte. Mehr als die Hälfte des Textes ist Warnung und Mahnung: Beweinenswert ist das Los des armen Werther, aber reichlicher Lohn, bis ans Grab, wird dem Tugendhaften zuteil. Denken wir an die Verfüh-rungskraft, die der »Werther« bei seinem Erscheinen für viele besaß, an den Selbstmord, der in seinem Zeichen, im Werther-Fieber, verübt wurde, ist der Drang zur Warnung und Mahnung bei unserm Verfasser nur allzu verständlich.

Sein Vorgehn erinnert in manchem an VLADIMIR MAJAKOVSKIJs Verfah-ren in einer ähnlichen Situation. 1925 hatte sich ESENIN auf dramatische Weise erhängt und ein Gedicht hinterlassen, in dem es hieß: „In diesem Leben ist das Sterben gar nichts Neues, / doch auch zu leben ist ja schließlich nicht viel neuer." Bei der Hoffnungslosigkeit, die damals so viele Leser von Gedichten in der Sowjetunion erfüllte, war, wie MAJAKOV-SKIJ befürchtete, von der hohen literarischen Qualität des Gedichts eine bedenkliche Wirkung zu erwarten. Er versuchte daher, die Faszination von ESENINS Gedicht durch ein eignes Gedicht zu brechen, das mit den Versen schloß: „In diesem Leben ist das Sterben gar nichts Schweres, / Bewälti-gung des Lebens ist schon sehr viel schwerer."[136]

Wie die sprachliche Fügung bei MAJAKOVSKIJ zwischen dem „leben" ESENINS und seiner eignen „Bewältigung des Lebens" einen Rapport her-stellt in dem Kontrast von „nicht viel neuer" und „sehr viel schwerer", so hier zwischen der Werther-*Liebe* und der *Tugend* in dem wörtlich wieder-holten *durch Leib und Leben geht, und in jeder Ader zuckt und stört* – eine Technik, die das Hervorhebende, nicht aber, bezeichnenderweise, das Geschliffne und Schlagende des Concetto besitzt.

Die sprachliche Form ist also auch hier von dem bestimmt, was MAJAKOVSKIJ den sozialen Auftrag nannte. Die Mittel zu seiner

Erfüllung standen mit der Zeitung bereit, durch die der Verfasser seine Leser – ein eher schlichtes Publikum – zu unterhalten, zu unterrichten und als ‚christlich Meinender‘ zu beeinflussen suchte. Der Rahmen der Zeitung und die geradezu seelsorgerische Aufgabe, die sich dem Verfasser aus der Beschaffenheit des »Werther« ergab, bestimmen den Aufbau, die Technik, den Ton.

Der Text ist dreigeteilt. Der erste Teil (bis *kurzweilt*, Z. 6) umreißt, aufs allerbündigste, den Gegenstand: eine Liebesgeschichte, vielleicht sogar eine wahre, die bis zu Tränen rührt. Gleich im ersten Satz wird die Neugier des Lesers geweckt, und im ersten Satz stellt sich auch gleich die fiktive Figur (die später zurücktritt) mit ihrem unverwechselbaren Tonfall und sprachlichen Gestus vor ihn hin. Der elliptische Einsatz, die metaplastischen Verknappungen, das alliterierend-reimende *’n Geschicht’ oder’n Gedicht*, die umgangssprachlichen Wendungen bewirken das Treuherzige, Volksmäßig-Holzschnitthafte, das die Aufmerksamkeit nur halb auf die Sache läßt, halb aber hinüberzieht auf die Figur. Die nächsten beiden Sätze manövrieren das Zerstörende der Wertherliebe auf eine Ebne der Verallgemeinerung und Versimpelung, die im Ausdruck den folgenden Teil schon vorbereitet – der erste Satz als Gemeinplatz, der zweite als persönliches Bekenntnis, das, indem es von der Überwältigung durch die Liebe als einer Möglichkeit spricht, zugleich zu verstehen gibt, daß man noch nicht daran zugrunde gehen muß.

Der zweite Teil (bis *weine*, Z. 15) bringt in seiner ersten, bereits zitierten Hälfte ein Resümee, dessen unschuldig daherkommender ironischer Ton das Pathos der Werther-Darstellung zu entschärfen und zu verharmlosen sucht. Erst danach (Z. 10), wie ein nachträgliches Zugeständnis an den Ernst und das Ergreifende der Geschichte, wird der verharmlosende, unbekümmerte Papagenoton zugunsten einer mehr empfindsamen Haltung aufgegeben. Mit einer kleinen Kette von Empfindsamkeitsmotiven, die sich zum Eidyllion runden, der *Linde an der Kirchhofmauer*, dem *Grabhügel*, der *Grasbank*, auf die man sich *hinsetze* und *über die menschliche Schwachheit weine*, wird dem Werther-Pathos auf andere Weise entgegengewirkt – nicht mehr ironisch-bagatellisierend, sondern empfindsam: indem die Erschütterung, die der »Werther« bewirken kann, gedämpft und gleichsam zeitgemäß ins Rührende hinübergelenkt wird.

Der Schlußteil ist damit vorbereitet. Der Leser – jener, auf den die seelsorgerische Bemühung sich richtet – wird mit temperierter Emphase angeredet: *sanfter guter Jüngling!* Das Motiv des Weinens wird aus dem zweiten Abschnitt herübergeholt und wirkungsvoll in wörtlicher Entsprechung um die Anrede gestellt: *wenn du ausgeweinet hast – so erinnre dich der Tugend.* Und nun wird die Tugend durch Herüberholen der Formulierung aus dem ersten Teil auf die geschilderte Art mit der Liebe kontrastiert. Diese Verwebungen geben dem Text etwas Musikalisches, Inkantatorisches, dessen er bei der Schwächlichkeit des Tugendmotivs auch bedarf. Denn daß die „Tugend" *zuckt* wie in Werther die Leidenschaft, das mag von Männern wie MAXIMILIEN DE ROBESPIERRE vermutet werden, im *sanfte*[n] *gute*[n] Jüngling geschieht es wohl kaum.

Der Schluß, die Coda, von den Abschnitten 1 und 2 thematisch unabhängig, führt das Tugendmotiv mit einiger Dämpfung zu Ende. Das Con-sordino des *soll* und *dem Vernehmen nach* beim Modulieren der *Tugend* will der Ermahnung das Penetrante nehmen; die Kadenz auf *Freund Hain mit der Hippe* verleiht ihr noch Ernst und Gewicht.

Polemik

Aphoristische Aufzeichnung von 1777

[25] *Wenn Werther* seinen *Homer (ein albernes Mode Pronomen) würcklich verstanden hat, so kan er sicherlich der Geck nicht gewesen [seyn], den Göthe aus ihm macht. Ich meine hier nicht den Unglücklichen, dessen Geschichte jenes Buch veranlas-*
5 *set haben soll, der war würcklich und also auch möglich, sondern schlechterdings das Quodlibet von Hasenfuß und Weltweisen. Bey dem Tod geht eine Spaltung vor, der Hasenfuß erschießt sich und der Philosoph solte billig fortleben. Wogegen hauptsächlich die Widerlegung und womöglich der Spott gerichtet*
10 *werden muß, ist die Ehre, die diese Buben in einem stürmenden Hertzen suchen. Sie hoffen auf Mitleid, aber auf ein beneidendes, das wesenloseste Geschöpf des kriechenden Stoltzes, wenn ich so reden darf; und dann daß sie glauben sie empfänden allein, was sie allein Thorheit und Unerfahrenheit genug besit-*
15 *zen drucken zu lassen. Der Weise, so wie er mehr denckt als er sagt, genießt auch mehr als er ausdrucken kan und will. Jedes Gefühl unter dem Mikroskop betrachtet läßt sich durch ein Buch durch vergrößern. Ist es nöthig oder ist es gut? es ist genug, wenn nur jene dunckeln Gefühle uns zum Guten stärcken, und dann*
20 *kan man die Entwickelung Müßiggängern überlassen. Meine Hand im Schlaf auf eine Falte eines seidenen Vorhangs geschlagen, diese Empfindung kan zu einem Traum aufwachsen und blühen dessen Beschreibung ein Buch erfordert.*

Diese zweite Äußerung über den »Werther« ist einem Notiz-buch entnommen, einem ›Sudelbuch‹, wie der Verfasser es nannte. Es enthält Gedanken und Bemerkungen, die als Rohmaterial gedacht waren, aber durch die Entschiedenheit der Ansichten, die sich darin ausdrücken, und die Sicherheit ihrer Formulierung als vollgültige literarische Dokumente erscheinen.

Die Kritik am »Werther« wird in dieser Aufzeichnung zum Anstoß für den Entwurf einer Kritik an bestimmten literarischen Erscheinungen, die sich für den Autor exemplarisch im »Werther« verkörpern, und weitet sich schließlich zu einer grundsätzlichen Betrachtung über die Haltung des Schriftstellers aus.

Zunächst wird der Gestalt des Werther die Glaubwürdigkeit bestritten: Es geht ein Bruch durch die Figur. Man kann sich nicht, so argumentiert der Verfasser – wobei er voraussetzt, daß GOETHE dies von Werther habe glaubhaft machen wollen – mit echtem Verständnis in die männliche Welt des Homer hineinleben und gleichzeitig ein *Geck* sein.

Inwiefern Werther ein *Geck* ist, wird im einzelnen nicht gesagt. Wir brauchen wohl kaum an Züge zu denken wie den, daß Werther die Kleidung bestimmt, in der man ihn begraben soll. Woran der Verfasser hier denkt, ist leicht aus dem Zusammenhang zu erschließen: das Sich-zugute-Tun auf seine Empfindungen, die Werther für einmalig hält, und die *Thorheit*, mit der er sie ausspricht.

Was das Verhältnis zu Homer betrifft, so übersieht der Kritiker, daß es für GOETHE nach dessen eigner Bemerkung ein Komposi-tionsmittel war, derart "that Werther praised Homer while he retained his senses, and Ossian when he was going mad".[137] Auch wird Werther als jemand geschildert, der sich in *seinen* Homer hineingelebt hat. Daß ein *würckliches* Verständnis dabei vorliegt, war durchaus nicht in GOETHES Absicht, wäre im übrigen, was der Verfasser wiederum übersieht oder verschweigt, mit den Mitteln von GOETHES Briefroman auch schwerlich darzustellen gewesen. Wenn Werther Homer sagt, so meint er die »Odyssee«, niemals die »Ilias«, und aus der »Odyssee« wieder vorwiegend idyllische Züge. Es hat also besonderen Sinn und ist durchaus kein *albernes Mode Pronomen*, wenn Werther von *seine[m]* Homer spricht.

Der zweite Hinweis auf die Unglaubwürdigkeit der Figur betrifft ihr Zwitter-Sein aus *Hasenfuß* und *Weltweisen*. Er erfolgt vor dem – in diesem Zusammenhang doch wohl normierenden – Hintergrund des Wirklichen. Da die Wirklichkeit mitunter Erscheinungen zeitigt, deren Möglichkeit – und damit ihre Zuläs-sigkeit in Werken der Literatur – von Liebhabern gemäßigter Verhältnisse sehr bestritten würde, verlaufen die Grenzen des dichterisch Zulässigen hier nicht an den Rändern, sondern innerhalb der Realität – eine recht charakteristische Beschränkung.

Die folgende Bemerkung, über die Spaltung, die bei Werthers Tod erfolge, führt in den Kern der Kritik. Sie gewinnt besondres Gewicht durch eine andere aphoristische Äußerung des Verfassers. Die schönste Stelle im »Werther«, sagt er da, sei die, wo er, Werther, den Hasenfuß erschieße[138]. Daß der Philosoph, der billigerweise, wie es heißt, den Selbstmord überleben sollte, an einen *Geck*[en] und *Hasenfuß* gekettet ist, erscheint ihm unnatürlich und falsch. In dieser Verkehrtheit erblickt er die Verkehrtheit einer ganzen literarischen Richtung, der Empfindsamkeit. »Werther« ist sozusagen ihr schlimmstes Produkt: *diese Buben,* das sind Werther und seinesgleichen oder ihre Urheber oder die Urheber, wie sie sich widerspiegeln in ihren Geschöpfen. Verrät das Auseinanderlegen des Werther in einen Weisen und einen Gecken, einen Philosophen und einen Hasenfuß eine burschikose kritische Chemie, die nach handfesten Rezepten verfährt, so zeigt sich hier, bei dem Ineins-Setzen des »Werther« mit der Empfindsamkeit, daß »Werther« als individuelle Leistung nicht gesehen werden kann – oder soll.

Die Argumentation verlegt sich nun auf das Moralische. Sein „Herausgeber" hatte für den »Werther« mit „Bewunderung", „Liebe" und „Thränen" gerechnet. Aus der Mischung dieser Gefühle wird hier ein *beneidendes Mitleid, das wesenloseste Geschöpf des kriechenden Stoltzes.* Das ist mit der hellsichtigen Schärfe des Hasses gesehn – und trifft. Es trifft aber nicht den »Werther« als literarisches Werk, sondern eine der Erscheinungen, die sich mit seiner Existenz verbinden – wie es auch die Nachahmungen sind, die der Verfasser wohl meint, wenn er von *diese*[n] *Buben* spricht. In klassischer Aufklärermanier wird hier ein »Werther«, der schon beträchtlich verkürzt und entstellt ist, nach der Zuträglichkeit seiner moralischen Folgen beurteilt. Diese Folgen sind in Wahrheit die Folgen einer sehr einseitigen Art, den »Werther« zu lesen. Ja, es sind noch nicht einmal die Folgen des »Werther«, sondern des Wertherismus oder der Empfindsamkeit.

Das andere Argument ist ästhetisch: Was in der Wertherei empfunden wird, ist weder einzig noch neu. Nur der *Thorheit und Unerfahrenheit* seiner Verbreiter scheint es das zu sein. Ihr wird die Haltung des *Weise*[n] gegenübergestellt.

Der Weise ist eine beliebte, geradezu mythische Figur. Kaum eine Religion oder Weltanschauung hat auf sie verzichtet. Stoiker, Christen, Aufklärer und Marxisten bedienen sich ihrer, und ihre Anziehungskraft, besonders als polemische Sigle, ist noch immer beträchtlich. Um so seltner ein Einwand wie der von PAUL VALÉRY in den »Mauvaises pensées«: »La sagesse est la connaissance en tant qu'elle modère toutes choses, et particulièrement elle-même. Elle appartient à un certain type d'hommes dont le visage est remarquable par sa symétrie et par ses joues lisses.«[139]*

Der Weise also hätte den »Werther« nicht geschrieben. Er hätte nicht, um es drastisch zu sagen, aus einer Mücke einen Elefanten gemacht, sondern die *Entwickelung* jener *dunckeln Gefühle* lieber *Müßiggängern* überlassen. Hier wird abermals aufs äußerste summarisch verfahren. Die Sentimentalität, die tatsächlich die dichterische Größe des »Werther« beeinträchtigt, wird isoliert, die Figur und der Roman darauf festgelegt und dem Ganzen die Größe, die Neuheit, die Einmaligkeit bestritten. Der wirkliche literargeschichtliche Befund sieht anders aus, und die Werke, die zum Vergleich heranzuziehn sind, hat der Verfasser gekannt: „Bilder des bürgerlichen Lebens gab es im Roman in England [...]. Die Geschichte einer großen Leidenschaft hatte Rousseau in seiner »Nouvelle Héloïse« geschildert. Die Verbindung beider Elemente, wie der Werther-Roman sie schuf, war für Europa neu und für Deutschland schlechthin überwältigend."[140]

Es folgt ein Schlußsatz, der mit seiner hohen sprachlichen Vollkommenheit den polemischen Kern schon fast verdeckt: den Gedanken, wie wohlfeil der Stoff für ein empfindsames Buch zu haben sei. Er dient einem andern Zweck. Er bezeugt die Vertrautheit des Verfassers mit der Physiologie der Empfindungen und seine Fähigkeit, sich mit sprachlicher Souveränität auch in dieser Sphäre zu bewegen. So wird der Verdacht gebannt, als bellte hier jemand den Mond an.

Überhaupt ist die Sprache bemerkenswert sicher – nicht in den Unterscheidungen, die ein wirklicher Kritiker, d.h. ein Unterscheider, zu treffen hätte: um Gerechtigkeit ist es diesem Autor, der den *Weise*[n] zitiert, nicht zu tun; sondern in der Art, wie die Polemik sich sprachlich ins Werk setzt. Der Ton hat das Gereizte, Bissige und dabei Knappe und Einprägsame, das vernichtend wäre, wenn die Kritik ins Schwarze träfe: wenn sie nicht »Werther« mit der Wertherischen Sentimentalität, dem Wertherismus und der Empfindsamkeit zusammenwürfe, den Sack schlüge, wo der Esel gemeint ist. So wird aber weithin die *Widerlegung* zum Absprechenden und Ausfälligen (das *alberne Mode Pronomen*, der *Geck*, den GOETHE aus Werther macht, das *Quodlibet von Hasenfuß und*

---

* „Weisheit ist die Erkenntnis, die alle Dinge mäßigt, besonders sich selbst. Sie ist einem bestimmten Menschentyp eigen, dessen Gesicht an seiner Symmetrie und seinen glatten Wangen kenntlich ist."

Weltweisen, die *Buben* voll *Thorheit und Unerfahrenheit* mit Werther-Goethe an ihrer Spitze).

Trotzdem ist die Sprache vorzüglich: in der unaufdringlichen, sicher behandelten Rhythmik, dem durchsichtigen und geschmeidigen Satzbau, der pointierten acutezza der Formulierung – im Pejorativen (Werther ein *Geck,* ein *Quodlibet von Hasenfuß und Weltweisen*), im stringenten Oxymoron (L 389,3) (*Geschöpf des kriechenden Stoltzes*), im Aperçu, das sich auch losgelöst als selbständiger Aphorismus behauptet: *Jedes Gefühl unter dem Mikroskop betrachtet läßt sich durch ein Buch durch vergrößern* – ein Instrument von gefährlicher Schärfe, das nur deshalb nicht tötet, weil es nicht trifft.

Empfehlung

Aus einer Zeitschrift von 1775

[26] *Da das Publikum über den Werth dieses Werks des Herrn Dr. Goethe so einstimmig seine Parthey genommen hat, so würde unsere Anzeige und Critik hier viel zu spät kommen. Das innige Gefühl, das über alle seine Compositionen ausgebreitet*
5 *ist, die lebendige Gegenwart, womit die Kunst seiner Darstellung begleitet ist, das bis in allen Theilen gefühlte Detail mit der seltensten Auswahl und Anordnung verbunden, zeigt einen seiner Materie allzeit mächtigen Schriftsteller. In wie ferne er die Wahrheit der Geschichte des jungen Werthers beybehalten,*
10 *oder was er aus seinem Horn des Überflusses hinzu gethan habe, überlassen wir den jetzigen und künftigen Berichtigern, Verfälschern und Nachstopplern dieser Geschichte auszumachen. Wer da weiß, was Composition ist, der wird leicht begreiffen, daß keine Begebenheit in der Welt mit allen ihren Umständen*
15 *wie sie geschehen ist, je ein dramatischer Vorwurf seyn kann, sondern daß die Hand des Künstlers wenigstens eine andere Haltung darüber verbreiten muß. Viel Lokales und Individuelles scheint indessen durch das ganze Werk durch, allein das innige Gefühl des Verfassers, womit er die ganze, auch die*
20 *gemeinste ihn umgehende Natur zu umfassen scheint, hat über alles eine unnachahmliche Poesie gehaucht. Er sey und bleibe allen unsern angehenden Dichtern ein Beyspiel der Nachfolge und Warnung, daß man nicht den geringsten Gegenstand zu dichten und darzustellen wage, von dessen wahrer Gegenwart*
25 *man nicht irgend wo in der Natur einen festen Punct erblikt habe, es sey nun außer uns, oder in uns. Wer nicht den Epischen*

118

und Dramatischen Geist in den gemeinsten Scenen des häußlichen Lebens erblickt, und das darzustellende davon nicht auf
sein Blatt zu fassen weiß, der wage sich nicht in die ferne
30 Dämmerung einer idealischen Welt, wo ihm die Schatten von
nie gekannten Helden, Rittern, Feen und Königen nur von
weitem vorzittern. Ist er ein Mann, und hat sich seine eigene
Denkart gebildet, so mag er uns bey gewissen Gelegenheiten in
seiner Seele angefachte Funken von Gefühl und Urtheilskraft,
35 durch seine Werke durch, wie helle Inschrift vorleuchten lassen,
hat er aber nichts dergleichen aus dem Schatze seiner eigenen
Erfahrungen aufzutischen, so verschone er uns mit den Schaubrodten seiner Maximen und Gemeinplätze.
    Der V. hat seinen Helden wahrscheinlicherweise zum Theil
40 mit seinen eigenen Geistesgaben dotirt. Aus dieser Fülle des
Gefühls, vereinbart mit dem natürlichen Trübsinn, der Wer-
thern von Jugend auf bezeichnete, entsteht das interessanteste
Geschöpf, dessen Fall alle Herzen zerreißt. Die Jugend gefällt
sich in diesem Sympathetischen Schmerz, vergißt über dem
45 Leben der Fiktion, daß es nur eine Poetische Wahrheit ist, und
verschlingt alle im Gefühl ausgestoßene Säze als Dogma. Der
Selbstmord ist seit Rousseaus Heloise vielleicht nie so sehr auf
der guten Seite gezeigt worden, daher kann allerdings eine
solche Lektüre für ein Herz bedenklich werden, das den Samen
50 und den Drang zu einer ähnlichen That schon lange mit sich
herumträgt.

Die Positionen in dieser Äußerung sind denen der zuletzt
betrachteten [25] entgegengesetzt. Beidemal weitet sich die Erörterung ins Allgemeine aus, so daß der »Werther« als Paradigma
erscheint: dort des Empfindsamen, hier des Realistischen. Dort
reizt er zu „Widerlegung" und „Spott", hier wird er als Beyspiel
zur Nachfolge empfohlen. Dort steht die Figur des Werther im
Vordergrund, hier die Composition. Dort ist Werther ein „Geck"
und ein „Hasenfuß" oder doch ein „Quodlibet von Hasenfuß und
Weltweisen", hier das interessanteste Geschöpf. Dort ist sein Autor
ein „Bube" voll „Thorheit und Unerfahrenheit", hier ein Mann mit
Urtheilskraft und eigenen Erfahrungen. In beiden Fällen benutzt
der Verfasser den »Werther«, um seine Vorstellungen des literarisch Verkehrten – dort mit »Werther« als Beispiel, hier als Gegen-
beispiel – auseinanderzusetzen.
    Am ehesten und eigentlich als einzige hat diese dritte Äußerung
den Charakter der Rezension. Zwar ist auch hier, am Ende, von

der Gefahr die Rede, die für ein ungefestigtes *Herz* im »Werther«
liegen mag, doch gilt der wichtigste Teil der Betrachtung auch dort,
wo sie »Werther« als Beispiel behandelt, dem literarischen Werk.

Der erste größere Abschnitt (Z. 3–8) skizziert seine dichteri-
schen Qualitäten, der zweite (Z. 8–38) das Verhältnis von Dichtung und Wahrheit; zunächst (bis Z. 21) im Hinblick auf das
Biographische der Fabel, dann im weiteren und tieferen Sinn von
wahrer Gegenwart, die in den Werken der Dichtung erscheinen
müsse und in der das Mustergültige des »Werther« erblickt wird.

Die Tugenden, die an »Werther« und GOETHEs anderen Werken
gelobt werden, sind zusammenzufassen als Lebendigkeit der Ausführung und Sicherheit der Komposition. Aus den Erfordernissen
der Komposition erklärt sich, daß die zugrunde liegende Begebenheit gemodelt, d. h. poetisiert werden mußte. Der größte Vorzug,
der sich dabei geltend macht, ist das *innige Gefühl,* das alles
Erzählte umfaßt. *Gefühl* ist ein Leitwort in diesem Text. Zweimal
erscheint das *innige Gefühl,* einmal die *Fülle des Gefühls,* fünfmal
kommt das Wort im ganzen vor. Einige Bestimmtheit gewinnt es
durch Bezeichnung seines produktiven Niederschlags in den Werken als *lebendige Gegenwart* und weiterhin durch das Stichwort
Natur. Hier liegt der Angelpunkt, an dem das Mustergültige des
»Werther« hervortritt: *das Beyspiel [...], daß man nicht den
geringsten Gegenstand zu dichten und darzustellen wage, von
dessen wahrer Gegenwart man nicht irgend wo in der Natur einen
festen Punct erblikt habe, es sey nun außer uns, oder in uns.*

Was hier gefordert wird, der Realismus der Darstellung (*in den
gemeinsten Scenen des häußlichen Lebens*) und die Echtheit und
Kraft des Gefühls (*in der Seele angefachte Funken*), hat als Hintergrund das doppelte Elend einer wirklichkeitsentleerten galanten
Literatur mit *Helden, Rittern, Feen und Königen* und einer ebenso
saft- und kraftlosen Aufklärerei mit den *Schaubrodten* ihrer *Maximen und Gemeinplätze.* Auf beide trifft zu, daß kein *Mann* sie
beglaubigt, keine *eigene Denkart,* keine *eigenen Erfahrungen,* kein
Gefühl und keine *Urtheilskraft.* Ihnen gegenüber steht GOETHE,
der diese Gaben besitzt und auf den »Werther« verwandte, und so
entstand *das interessanteste Geschöpf, dessen Fall alle Herzen zerreißt.*

Aufschlußreich ist die Bemerkung, die noch angefügt wird über
die Gefahren des Buchs für die *Jugend.* Sie hat nichts Moralisieren-
des. Der Sachverhalt wird einfach ausgesprochen. Daß dies
geschieht, läßt den Schluß zu, es sollte auch hier eine Warnung
nicht fehlen. Und sicher ist das Bloßlegen, wie es hier erfolgt, kein
schlechteres Mittel zur Warnung als die beflissenen rhetorischen

Tugendappelle der christlich Meinenden und humanitär Engagierten.

Bekennt sich der Autor in seinem kritischen Votum zu GOETHE, der der GOETHE des Sturm und Drang ist, so zeigt ihn auch seine Sprache bei dieser Partei. Gelegentlich manieriert wie die Sprache der Stürmer und Dränger (*Er sey und bleibe, wahrscheinlicherweise*), ist der Ton des Rezensenten auf das Umgangssprachlich-Direkte (*aufzutischen*), Biblische (*Schaubrodten*), Expressive (*das [...] gefühlte Detail, im Gefühl ausgestoßene Säze*), Bildlich-Einprägsame (*in seiner Seele angefachte Funken, wie helle Inschrift*) und Kraftgenial-Überlegene aus (*den jetzigen und künftigen Berichtigern, Verfälschern und Nachstopplern dieser Geschichte*). Die Sprache kommt auch darin den Zügen dieser Bewegung nahe, daß sie mehr entwirft, behauptet und hinstellt als untersucht und beweist. Dennoch soll belehrt werden (*allen unsern angehenden Dichtern ein Beyspiel*). Aber die Belehrung setzt im Grunde schon den Gleichgesinnten voraus. Sie rechnet mit dem, der nicht erst durch umständliche Demonstration überzeugt werden muß. So ist es kein Zufall, daß als Sitz der *Urtheilskraft* die *Seele* erscheint.

Zusammenfassung

Ähnlich dem Text über SHAKESPEARE erweisen die Texte über den »Werther«, wie auch in kritischen Schriften, nicht etwa nur in der Dichtung, die Sprache auf Eindruck und Wirkung hin instrumentiert werden kann. Haltung und Ton, die Art des Vortrags ist nicht weniger charakteristisch als die Art und Anordnung der Argumente. Ob er warnt, tadelt oder lobt, der Autor will wirken, und Wirkung erwartet er von der rhetorischen Nuance so viel wie vom Argument, und mitunter noch mehr.

Wie sich zeigte, sind die Äußerungen erheblich verschieden. Die erste eine Anzeige, die zweite eine Taschenbuchnotiz, die dritte eine Besprechung, sind alle drei durch thematische Konstanten – Wahrheitsgehalt der Fabel, Zuträglichkeit für den jüngeren Leser, Moment des Selbstmords – miteinander verbunden; zugleich divergieren sie durch verschiedengeartete Grundintentionen.

Der erste Verfasser will warnen und mahnen. Ein Anliegen, das er als Kunstrichter hätte, ist nicht zu erkennen. Der ironische Ton, in dem er die Leiden und das Ende des Helden glossiert, ist noch nicht als ein Verdikt über den »Werther« zu deuten. Er ist Teil des Manövers, als das die ganze Äußerung angelegt ist: den emotionalen Sprengstoff des »Werther« zu entschärfen. Andere Töne, die daneben erklingen und in derselben Absicht angeschlagen werden, ließen sich ebenso als Zustimmung deuten wie dieser als polemisches Veto. Die ganze Betrachtung ist auf den Ton gestellt, der vom Naiven zum Ironischen, vom Ironischen zum Empfindsamen, vom Empfindsamen zum Moralischen geht. Der Leser, an den der Verfasser sich ausdrücklich wendet, soll durch Zuspruch erreicht werden, nicht durch die Argumente einer diskursiven Kritik. So gewinnt die Rhetorik als Werkzeug zur Erregung halbbewußter oder unbewußter Reaktionen, als persuasio und incantatio, erhöhte Bedeutung.

Hält sich der erste Verfasser vor allem dem Wohl seiner Leser verpflichtet, bleibt also kritisch neutral, so haben die andern beiden 'an axe to grind'. Sie sind Partei. Ihre kritischen Verfahren sind insofern verwandt, als hier wie dort der »Werther« im Zusammenhang einer grundsätzlichen Erörterung als Paradigma erscheint.

Einmal wird er zum Sündenbock einer literarischen Haltung, die dem Verfasser zuwider ist. Er sieht ihn als Verkehrtheit, als das exemplarisch Verkehrte, vor einem Hintergrund, der als solcher zwar nicht bezeichnet wird, in dem aber, mit Sicherheit, das juste milieu von Vernunft und philosophischem Maß zu erblicken ist. Die Gerechtigkeit leidet dabei, denn der Verfasser verkennt (oder bestreitet doch) das Erregende, Einmalige, Neue des »Werther«, der so verzeichnet wird, daß am Ende die Erklärung steht, das einzig Besondre an dergleichen (!) sei der Unbedacht seiner Urheber.

Das andre Mal wird der Hintergrund, vor dem der »Werther« erscheint, explizit. Es ist die wirklichkeits- und wahrheitsentleerte Literatur der Schattenbilder-Phantasie und der Maximen-Vernunft. Hier ist »Werther«, der dort der Inbegriff der Unnatur war, das Beispiel einer gedeihlichen und heilsamen Orientierung an der Natur – heilsam jedenfalls als literarische Tat. Befaßte sich die erste Äußerung mit Werther wie einer realen Person, die zweite wie einer unglaubwürdig konstruierten und beide mit dem Roman als *Composition* überhaupt nicht, tritt erst hier, wie skizzenhaft auch immer, das Werk als solches ins Blickfeld. War im ersten Fall die Sprache die Sprache der Suggestion, am Schluß der Ermunterung und des Appells; im zweiten die Sprache der Polemik, scharf, schneidend und zu gereizt, um auch wirklich zu treffen; so ist es hier die Sprache der Sympathie, die sich einschwingt in die Welt ihres Gegenstands und bewirken will, daß der Leser es auch tut.

[1] F. HÖLDERLIN: Hyperion oder der Eremit in Griechenland. Bd 2. 1799. Zitiert nach: Hölderlin. Sämtliche Werke (Große Stuttgarter Ausg.) [...] hrsg. von Friedrich Beißner. Bd 3. Stuttgart: Kohlhammer 1957, S. 156.

[2] J. W. v. GOETHE: Reineke Fuchs (8. Gesang, v. 226–238). 1794. Zitiert nach: Goethes Werke. (Weimarer Ausg.) Abt. 1, Bd 50. Weimar: Böhlau 1900, S. 111.

[3–6] F. HÖLDERLIN, Hyperion (s. [1]), S. 107, 147, 109, 105.

[7] F. SCHILLER: Die Verschwörung des Fiesko zu Genua. Ein republikanisches Trauerspiel (V, 13). 1783. Zitiert nach: Schillers sämmtliche Schriften. Historisch-kritische Ausg. [...] hrsg. von Karl Goedeke. Th. 3. Stuttgart: Cotta 1868, S. 153.

[8] H. v. KLEIST: Michael Kohlhaas. 1810. Zitiert nach: Heinrich von Kleists Werke. [...] hrsg. von Erich Schmidt. 2. Aufl., durchges. und erw. von Georg Minde-Pouet. Leipzig: Bibliogr. Institut [1928]. Bd 6, S. 31.

[9] J. G. SCHNABEL: Der im Irr-Garten der Liebe herum taumelnde Cavalier [...] 1738. Zitiert nach dem Neudruck der Zweitausgabe von 1746 in: Die Bücher der Abtei Thelem. Begr. von Otto Julius Bierbaum. Bd 26, 27. München: Georg Müller 1920. Bd 2, S. 127.

[10] L. TIECK: Franz Sternbald's Wanderungen. Eine altdeutsche Geschichte. 1798. Zitiert nach: Ludwig Tieck's Schriften. Bd 16. Berlin: Reimer 1843, S. 91 f.

[11] G. BENN: Dorische Welt. Eine Untersuchung über die Beziehung von Kunst und Macht. 1934. In: G. B.: Gesammelte Werke. Hrsg. von Dieter Wellershoff. Bd 1. Wiesbaden: Limes 1959, S. 262 f.

[12] F. SCHILLER: Die Räuber. Ein Schauspiel (I, 1). 1781. Zitiert nach: Schillers Werke. Nationalausgabe [...] hrsg. von Julius Petersen u. Hermann Schneider. Bd 3: Die Räuber. Weimar: Böhlau 1953, S. 19 f.

[13] J. G. SCHNABEL: Cavalier (s. [9]), Bd 2, S. 103 f.

[14] J. G. HERDER: Shakespear. In: Von deutscher Art und Kunst. Einige fliegende Blätter. 1773. Zitiert nach: Herders Sämmtliche Werke. Hrsg. von Bernhard Suphan. Bd 5. Berlin: Weidmann 1891, S. 220 f. Erste und zweite Fassung S. 239 f.

[15] F. SCHILLER: Die Räuber (V, 1), S. 118 f. u. S. 362. (Zit. wie [12].)

[16] G. E. LESSING: Fabeln [Buch I, Nr 1]. Drey Bücher nebst Abhandlungen mit dieser Dichtungsart verwandten Inhalts. 1759. Zitiert
nach: G. E. Lessings sämtliche Schriften. Hrsg. von Karl Lachmann. 3. [...] Aufl., hrsg. von Franz Muncker. Bd 1. Stuttgart:
Göschen 1886, S. 195. Unveränd. photomechan. Nachdruck.
Berlin: de Gruyter 1968.

[17] S. GESSNER. Zuerst in den »Schriften« von 1762. Zitiert nach: S. Gs
Schriften. III. Th. Zürich: Orell, Geßner u. Comp. 1765, S. 107 f.

[18] M. CLAUDIUS in: Der Wandsbecker Bothe 1771, Nr 31. Zitiert nach:
M. C. Sämtliche Werke. Original-Ausg. Bd 1. Rev., mit Anm.
und einer Nachlese verm. von C. Redlich. 14. Aufl. Gotha:
Perthes 1907, S. 60 f.

[19] Anonymus in: Korrespondent von und für Deutschland (Nürn-
berg), 20. 1. 1808. Die Anekdote war zunächst in der »Sammlung
von Anekdoten und Charakterzügen aus den beiden merkwürdi-
gen Kriegen«, Heft 3, 1807, veröffentlicht und ist von dort in den
»Korrespondenten« übernommen worden. Zitiert nach: Heinrich
von Kleist: Sämtliche Werke und Briefe. Bd 2. Hrsg. von Helmut
Sembdner. 5., rev. Aufl. München: Hanser 1965, S. 910 f.

[20] J. P. HEBEL. Zuerst in: Der Rheinländische Hausfreund oder Neuer
Kalender auf das Jahr 1809. Zitiert nach: Hebels Werke. Zweiter
Teil. Schatzkästlein des rheinischen Hausfreundes. Hrsg. von
O[tto] Behaghel. Berlin und Stuttgart: Spemann o. J. [um 1885],
S. 123 f., Nr 67 (Kürschners Deutsche National-Litteratur. Bd
142).

[21] H v. KLEIST in: Berliner Abendblätter, 3. Okt. 1810. Zitiert nach:
Heinrich von Kleists Werke (s. [8]), Bd 7, S. 204.

[22] [J. K. LAVATER:] Geheimes Tagebuch. Von einem Beobachter seiner
selbst. Leipzig: Weidmanns Erben und Reich 1771, S. 215–217.

[23] G. CH. LICHTENBERG: Reise-Anmerckungen. Zitiert nach: Georg
Christoph Lichtenbergs Aphorismen. Nach den Hss. hrsg. von
Albert Leitzmann. H. 3: 1775–1779. Berlin: Behr 1906, S. 347 f.
(Deutsche Literarturdenkmale des 18. und 19. Jhs, Bd 27, 3. F.,
Nr 16 [136].)

[24] ASMUS [d. i. MATTHIAS CLAUDIUS]: ›Die Leiden des jungen Wer-
ther's‹. Zuerst in: Der Deutsche, sonst Wandsbecker Bothe.
Wandsbeck, 22. 10. 1774. Zitiert ist die von Claudius revidierte
Fassung in: Asmus omnia sua secum portans oder Sämtliche
Werke des Wandsbecker Boten (1775) nach M. C. Sämtliche
Werke (s. [18]), Bd 1, S. 45 f.

[25] G. CHR. LICHTENBERG. ›Sudelbuch‹ F, Aphorismus 496. 1777.
Zitiert nach Georg Christoph Lichtenbergs Aphorismen. Ed.
Leitzmann (s. [23]), H. 3, S. 215.

[26] [J. H. Merck:] ›Die Leiden des jungen Werthers‹. In: Allgemeine deutsche Bibliothek. Bd 26 (1775). Zitiert nach: Johann Heinrich Mercks Schriften und Briefwechsel. In Auswahl hrsg. von Kurt Wolff. Bd 1. Leipzig: Insel 1909, S. 286f.

[1] Schleiermachers kurze Darstellung des theologischen Studiums (1811). Kritische Ausg. von Heinrich Scholz. Leipzig: Deichert 1910, S. 53 (Quellenschriften zur Gesch. des Protestantismus. 10).

[2] HÖLDERLIN. Sämtliche Werke (Große Stuttgarter Ausg.), [...] hrsg. von Friedrich Beißner. Bd 5. Stuttgart: Kohlhammer 1952, S. 195.

[3] PETER SZONDI: Einführung in die literarische Hermeneutik. Hrsg. [aus dem Nachlaß] von Jean Bollack und Helen Stierlin. Frankfurt am Main: Suhrkamp 1975, S. 141 (suhrkamp taschenbuch wissenschaft. 124).

[4] FR[iedrich] D[aniel] E[rnst] SCHLEIERMACHER: Hermeneutik. Nach den Hss. neu hrsg. und eingeleitet von Heinz Kimmerle. Heidelberg: Carl Winter 1959, S. 122–156 (Abh. der Heidelberger Akad. der Wiss. Philos.-histor. Klasse. Jg 1959. 2. Abh.).

[5] WILHELM DILTHEY: Die Entstehung der Hermeneutik (1900). In W. D.: Ges. Schriften. Bd V. 6., unveränd. Aufl. Stuttgart (Teubner) und Göttingen (Vandenhoeck & Ruprecht) 1957, S. 320.

[6] JOHANN MARTIN CHLADENIUS: Einleitung zur richtigen Auslegung vernünftiger Reden und Schrifften. Leipzig: Friedrich Lanckischens Erben 1742. Photomechan. Nachdr. Mit einer Einl. von Lutz Geldsetzer. Düsseldorf: Stern-Verl. Janssen & Co 1969 (Instrumenta philosophica. Ser. hermeneutica. V).

[7] GEORG FRIEDRICH MEIER: Versuch einer allgemeinen Auslegungslehre. Halle: Carl Hermann Hemmerde 1757. Photomech. Nachdr. Düsseldorf: Stern-Verl. Janssen & Co 1965 (Instrumenta philosophica. Ser. hermeneutica. I).

[8] JOHANN AUGUST ERNESTI: Institutio Interpretis Novi Testamenti. Leipzig 1761.

[9] EMILIO BETTI: Teoria generale della interpretazione. Vol. 1,2. Milano: Giuffrè 1955.

[10] EMILIO BETTI: Allgemeine Auslegungslehre als Methodik der Geisteswissenschaften. Tübingen: Mohr ‹Siebeck› 1967 (Philosophie und Geschichte. 78/79). [Gekürzte dt. Ausg. von Teoria generale della interpretazione (s. Anm. 9), übers. vom Verf.]

[11] HANS-GEORG GADAMER: Wahrheit und Methode. Grundzüge einer philosophischen Hermeneutik (1960). 3., erw. Aufl. Tübingen: Mohr ⟨Siebeck⟩ 1972.

[12] Dilthey, Entstehung der Hermeneutik (s. Anm. 5), S. 321.

[13] E[ric] D[onald] HIRSCH, JR.: Validity in Interpretation. New Haven and London: Yale University Press 1967, p. 5, p. 234, Dt. als: Prinzipien der Interpretation. Übers. von Adelaide Anne Späth. München: Fink 1972, S. 20, 289 (Uni-Taschenbücher. 104). Deutsche Übersetzung im weiteren hiernach.

[14] Dilthey, Entstehung der Hermeneutik (s. Anm. 5), in den Zusätzen aus den Hss., S. 336.

[15] Dazu Schleiermacher: „Eigentlich gehört nur das zur Hermeneutik, was Ernesti Prol. § 4 subtilitas intelligendi nennt." (Aphorismen von 1805 und 1809). In Schleiermacher, Hermeneutik (s. Anm. 4), S. 31.

126

[16] WALTER BENJAMIN: Goethes Wahlverwandtschaften. In W. B.: Illuminationen. Ausgew. Schriften. Hrsg. von Siegfried Unseld. Frankfurt am Main: Suhrkamp 1961, S. 70 (Die Bücher der Neunzehn. 78).

[17] Hirsch, Validity in Interpretation (s. Anm. 13), p. 138; dt. S. 177.

[18] Hirsch, Validity in Interpretation (s. Anm. 13), p. 135; dt. S. 174.

[19] Chladenius, Einleitung zur richtigen Auslegung . . . (s. Anm. 6), § 156, S. 86 f.

[20] Chladenius, Einleitung zur richtigen Auslegung . . . (s. Anm. 6). § 694, S. 539 f.

[21] Studies in Classic American Literature. In D[avid] H[erbert] LAWRENCE: The Shock of Recognition. The Development of Literature in the United States Recorded by the Men who Made it. Ed. Edmund Wilson. New York: Random House 1955, p. 909 (The Modern Library).

[22] Zitiert nach GERHARD WOLF: Beschreibung eines Zimmers. 15 Kapitel über Johannes Bobrowski. Berlin: Union Verl. 1971, S. 163.

[23] PAUL VALÉRY: Commentaires de Charmes. In P. V.: Œuvres. Ed. Jean Hytier. T. 1. Paris: Gallimard 1966, p. 1509. (Bibliothèque de la Pléiade. 27). Die Stelle lautet: »Mes vers ont le sens qu'on leur prête.« „Meine Verse haben den Sinn, den man ihnen gibt." Zit. nach P. V.: Zur Theorie der Dichtkunst. Aufsätze und Vorträge. Übertr. von Kurt Leonhard. Frankfurt am Main: Insel 1962, S. 193 (Insel Studienausg.).

[24] T[homas] S[tearns] ELIOT: The Music of Poetry. In T.S.E.: On Poetry and Poets. New York: The Noonday Press 1961, p. 23 (Noonday. 214). Die Stelle lautet: "The reader's interpretation may differ from the author's and be equally valid – it may even be better." („Die Deutung des Lesers mag sich von der des Autors unterscheiden und ebenso gültig sein – sie mag sogar besser sein.")

[25] Vgl. hierzu Szondi, Einführung in die literarische Hermeneutik (s. Anm. 3), S. 154.

[26] Dilthey, Entstehung der Hermeneutik (s. Anm. 5), in den Zusätzen aus den Hss., S. 335.

[27] Gadamer, Wahrheit und Methode (s. Anm. 11), S. 280.

[28] Chladenius, Einleitung zur richtigen Auslegung . . . (s. Anm. 6), § 696, S. 542.

[29] Szondi, Einführung in die literarische Hermeneutik (s. Anm. 3), S. 51.

[30] S. hierzu WILLIAM EMPSON: Seven Types of Ambiguity. Harmondsworth: Penguin 1961 (Peregrine Books. Y 2).

[31] Valéry, Commentaires de Charmes (s. Anm. 23), p. 1509; dt. (s. Anm. 23) S. 193.

[32] Hirsch, Validity in Interpretation (s. Anm. 13), p. 15; dt. S. 32.

[33] PETER SZONDI: Hölderlin-Studien. Mit einem Traktat über philologische Erkenntnis. 2. Aufl. Frankfurt am Main: Suhrkamp 1970, S. 32 (edition suhrkamp. 379).
Auch in: Neue Rundschau. Bd 73, 1962, S. 146–165.
Auch in: Universitätstage 1962. Veröffentlichung der Freien Universität Berlin. Wissenschaft und Verantwortung. Berlin: de Gruyter 1962, S. 73–91.
Auch in Reinhold Grimm und Jost Hermand (Hrsg.): Methodenfragen der

deutschen Literaturwissenschaft. Darmstadt: Wiss. Buchgesellsch. 1973, S. 232–254 (Wege der Forschung. CCXC).

[34] Hirsch, Validity in Interpretation (s. Anm. 13), p. 13; dt. S. 30.

[35] Hirsch, Validity in Interpretation (s. Anm. 13), p. 21; dt. S. 39.

[36] Hirsch, Validity in Interpretation (s. Anm. 13), p. 124; dt. S. 159.

[37] Gadamer, Wahrheit und Methode (s. Anm. 11), S. 274f.

[38] Gadamer, Wahrheit und Methode (s. Anm. 11), S. 276.

[39] Dilthey, Entstehung der Hermeneutik (s. Anm. 5), S. 325.

[40] Gadamer, Wahrheit und Methode (s. Anm. 11), S. 55.

[41] Dilthey, Entstehung der Hermeneutik (s. Anm. 5), S. 330.

[42] Szondi, Philologische Erkenntnis (s. Anm. 33), S. 22.

[43] Gadamer, Wahrheit und Methode (s. Anm. 11), S. 276.

[44] PAUL VALÉRY: Propos sur la poésie. In P. V. Œuvres I (s. Anm. 23), p. 1377. Dt. als: Rede über die Dichtkunst. In P. V.: Zur Theorie der Dichtkunst (s. Anm. 23), S. 30. Vgl. ELIOT: "[...] a poem which was a poem only for the author would not be a poem at all." The Three Voices of Poetry. In T.S.E.: On Poetry and Poets (s. Anm. 24), p. 109. „[...] ein Gedicht nur für den Autor würde überhaupt kein Gedicht sein." Dt. von Helene Ritzerfeld. In: T.S.E.: Essays II. Literaturkritik. Hrsg. von Helmut Viebrock. Frankfurt am Main: Suhrkamp 1969, S. 20 (T.S.E. Werke 3).

[45] FRIEDRICH SCHILLER: Ueber die nothwendigen Grenzen beim Gebrauch schöner Formen. Zit. nach: Schillers Werke. Nationalausg. Bd 21. Weimar: Böhlau 1963, S. 15.

[46] T. S. ELIOT: Little Gidding II. In T.S.E.: Four Quartets. London: Faber 1944, p. 39. Dt. von Nora Wydenbruck. In T.S.E.: Gesammelte Gedichte 1909 bis 1962. Hrsg. und mit einem Nachw. von Eva Hesse. Frankfurt am Main: Suhrkamp 1972, S. 327 (T.S.E. Werke 4).

[47] Gadamer, Wahrheit und Methode (s. Anm. 11), S. 266.

[48] Gadamer, Wahrheit und Methode (s. Anm. 11), S. 260.

[49] Gadamer, Wahrheit und Methode (s. Anm. 11), S. 261.

[50] Gadamer, Wahrheit und Methode (s. Anm. 11), S. 253.

[51] HUGO FRIEDRICH: Dichtung und die Methoden ihrer Deutung. In: Neue deutsche Hefte. H. 40, Nov. 1957, S. 681. (Hiernach im folgenden zitiert.)
Auch in: Die Albrecht-Ludwigs-Universität Freiburg 1457–1957. Bd II (Die Festvorträge bei der Jubiläumsfeier). Freiburg/Breisgau: Hans Ferdinand Schulz 1957, S. 95–110.
Auch in Horst Enders (Hrsg.): Die Werkinterpretation. Darmstadt: Wiss. Buchgesellsch. 1967, S. 294–311 (Wege der Forschung. XXXVI).
Auch in Kurt Wais (Hrsg.): Interpretationen französischer Gedichte. Darmstadt: Wiss. Buchgesellsch. 1970, S. 22–28 (Ars interpretandi. 3).

[52] Gadamer, Wahrheit und Methode (s. Anm. 11), S. 279.

[53] Vgl. Betti, Allgemeine Auslegungslehre ... (s. Anm. 10), S. 266ff.

[54] Hirsch, Validity in Interpretation (s. Anm. 13), p. 139; dt. S. 178.

[55] Hirsch, Validity in Interpretation (s. Anm. 13), p. 200; dt. S. 253.

[56] Hirsch, Validity in Interpretation (s. Anm. 13), p. 203; dt. S. 257.

[57] Hirsch, Validity in Interpretation (s. Anm. 13), p. 207; dt. S. 261.

[58] Hirsch, Validity in Interpretation (s. Anm. 13), p. 157; dt. S. 200f.

[59] Meier, Versuch einer allgemeinen Auslegungskunst (s. Anm. 7), § 242, S. 125 f.

[60] Gadamer, Wahrheit und Methode (s. Anm. 11), S. 252.

[61] Hirsch, Validity in Interpretation (s. Anm. 13), p. 171; dt. S. 217.

[62] Hirsch, Validity in Interpretation (s. Anm. 13), p. 236; dt. S. 291.

[63] Hirsch, Validity in Interpretation (s. Anm. 13), p. 161 f.; dt. S. 205 f.

[64] LEONARD BLOOMFIELD: Language. London: Allen und Unwin (1935). Repr. 1965, p. 22.

[65] Friedrich, Dichtung und die Methoden ihrer Deutung (s. Anm. 51), S. 678.

[66] FERDINAND DE SAUSSURE: Cours de linguistique générale. Publ. par Charles Bally et Albert Sechehaye avec la collaboration d' Albert Riedlinger. [Lausanne et Paris 1916, éd. corr. 1922] Ed. critique prép. par Tullio Mauro [1931]. (Reprod.) Paris: Payot 1972. Dt. als: Grundfragen der allgemeinen Sprachwissenschaft. Hrsg. von Charles Bally [u. a.]. Übers. von Hermann Lommel. (Berlin und Leipzig: de Gruyter 1931). 2. Auf. Mit neuem Register und einem Nachw. von Peter von Polenz. Berlin: de Gruyter 1967.

[67] Entretien avec Lévi-Strauss. In: Les Lettres françaises. No 1165, Janv. 1967, p. 5. Dt. von Heinz von Barby als: C. L.-S.: Wie funktioniert der menschliche Geist? Interview mit Raymond Bellour, Januar 1967. In: Alternative. Jg 10, 1967, H. 54, S. 99. Auch in GÜNTHER SCHIWY: Der französische Strukturalismus. Mode, Methode, Ideologie. Mit einem Textanhang. Reinbek bei Hamburg: Rowohlt (1969) ⁷1978 [mit Ergänzung der Literaturhinweise], S. 148 (rowohlts deutsche enzyklopädie. 310).

[68] HUGO FRIEDRICH: Strukturalismus und Struktur in literaturwissenschaftlicher Hinsicht. In H. F. und Fritz Schalk (Hrsg.): Europäische Aufklärung. Herbert Dieckmann zum 60. Geburtstag. München: Fink 1967, S. 77–86. Abgedruckt bei Schiwy, Französischer Strukturalismus (s. Anm. 67), S. 219–227.

[69] Schiwy, Französischer Strukturalismus (s. Anm. 67 und 68).

[70] BEDA ALLEMANN: Strukturalismus in der Literaturwissenschaft? In Jürgen Kolbe (Hrsg.): Ansichten einer künftigen Germanistik. München: Hanser 1969, S. 143–152 (Reihe Hanser. 29).

[71] N[ikolaj] S[ergejewitsch] TRUBETZKOY: Grundzüge der Phonologie. Prague 1939 (Travaux du Cercle linguistique de Prague. 7). Repr. Nendeln/ Liechtenstein: Kraus 1968.

[72] MANFRED BIERWISCH: Strukturalismus. Geschichte, Probleme und Methoden. In: Kursbuch 5, Mai 1966, S. 116 [der Aufsatz: S. 77 bis 152]. Hiernach im folgenden zitiert.
Verb. Abdr. in Jens Ihwe (Hrsg.): Literaturwissenschaft und Linguistik. Ergebnisse und Perspektiven. Bd 1. Grundlagen und Voraussetzungen. Frankfurt am Main: Athenäum 1971, S. 17–90 (Ars poetica. Texte, Bd 8).

[73] Bierwisch, Strukturalismus (s. Anm. 72), S. 118.

[74] Bierwisch, Strukturalismus (s. Anm. 72), S. 127 f.

[75] Bierwisch, Strukturalismus (s. Anm. 72), S. 114.

[76] Friedrich, Strukturalismus und Struktur (s. Anm. 68), S. 80.

[77] LEO POLLMANN: Literaturwissenschaft und Methode. Bd II. Gegen-

wartsbezogener systematisch-kritischer Teil. Frankfurt am Main: Athenäum 1971, S. 63, S. 49 (Schwerpunkte Romanistik).

[78] Bierwisch, Strukturalismus (s. Anm. 72), S. 78.

[79] Allemann, Strukturalismus in der Literaturwissenschaft? (s. Anm. 70), S. 144f.

[80] Allemann, Strukturalismus in der Literaturwissenschaft? (s. Anm. 70), S. 148. Die folgende Zusammenfassung einschließlich der wörtlichen Zitate bei Allemann auf den Seiten 148–150.

[81] Allemann, Strukturalismus in der Literaturwissenschaft? (s. Anm. 70), S. 151.

[82] HILMAR KALLWEIT und WOLF LEPENIES: Literarische Hermeneutik und Soziologie. In: Ansichten einer künftigen Germanistik (s. Anm. 70), S. 134.

[83] Kallweit/Lepenies, Literarische Hermeneutik und Soziologie (s. Anm. 82), S. 139.

[84] ROMAN JAKOBSON et CLAUDE LÉVI-STRAUSS: »Les Chats« de Charles Baudelaire. In: L'Homme II/1 (1962), pp. 5–21.
Dt. von Dieter Wunderlich, Ekkehard Köhler, Vera Kuhn und Roland Posner als «Les Chats» von Charles Baudelaire. In: Alternative. Jg 11, 1968, H. 62/63, S. 156–170.
Verb. in: Sprache im technischen Zeitalter. Nr. 29, 1969, S. 1–19.

[85] Pollmann, Literaturwiss. und Methode II (s. Anm. 77), S. 84.

[86] Vgl. z.B. MICHAEL RIFFATERRE: Describing Poetic Structures – Two Approaches to Baudelaire's »Les Chats«. In: Yale French Studies 36/37, 1966, pp. 200–242.
Dt., auszugsweise, von Roland Posner als: Analyse von Baudelaires »Les Chats« in: Sprache im technischen Zeitalter. Nr 29, 1969, S. 19–27. –
GEORGE MOUNIN: Devant une critique structurale: In: Baudelaire. Actes de colloque de Nice. Annales de la Faculté des Lettres et Sciences humaines de Nice. 4–5, 1968, pp. 155–160. –
ROLAND POSNER: Strukturalismus in der Gedichtinterpretation. Textdeskription und Rezeptionsanalyse am Beispiel von Baudelaires »Les Chats«. In: Sprache im technischen Zeitalter. Nr 29, 1969, S. 27–58.
Erw. in Ihwe (Hrsg.), Literaturwissenschaft und Linguistik (s. Anm. 72), Bd II/1. Zur linguistischen Basis der Literaturwissenschaft I, S. 224–266.
Auch in Jens Ihwe (Hrsg.): Literaturwissenschaft und Linguistik. Eine Auswahl. Texte zur Theorie der Literaturwissenschaft. Bd 1. Frankfurt am Main: Athenäum 1972, S. 136–178 (Fischer Athenäum Taschenbücher. Literaturwissenschaft).

[87] „Claude Lévi-Strauss schließt dann seinerseits eine ‚anthropologische‘ Deutung an, die allerdings nicht auf den Beobachtungen des Kollegen aufbaut." Pollmann, Literaturwiss. und Methode II (s. Anm. 77), S. 84.

[88] George Mounin, Devant une critique structurale (s. Anm. 86).

[89] JONATHAN CULLER: Structuralist Poetics. Structuralism, Linguistics and the Study of Literature. Ithaca, New York: Cornell University Press 1975, p. 58.

[90] Culler, Structuralist Poetics (s. Anm. 89), p. 62.

[91] Culler, Structuralist Poetics (s. Anm. 89), p. 73.

[92] Culler, Structuralist Poetics (s. Anm. 89), p. 259.

[93] Culler, Structuralist Poetics (s. Anm. 89), p. 109.

[94] ROLF KLOEPFER. URSULA OOMEN: Sprachliche Konstituenten moderner Dichtung. Entwurf einer deskriptiven Poetik – Rimbaud –. Homburg v. d. H.: Athenäum 1970.

[95] JOHANN WOLFGANG VON GOETHE: Die Leiden des jungen Werthers. Mit einem Nachw. von Günter Jäckel. 10. Aufl. seit 1945. Leipzig: Reclam 1959, S. 117 (Reclams Univ.-Bibl. 67/67a).

[96] Die Leiden des jungen Werther. Goethes Werke (Weimarer Ausg.). Hrsg. im Auftrage der Großherzogin Sophie von Sachsen. Bd 19. Weimar: Böhlau 1899, S. 168.

[97] WOLFGANG BABILAS: Tradition und Interpretation. München: Hueber 1961, S. 14 (Langue et Parole. Sprach- und literaturstrukturelle Studien. 1).

[98] Außer den »Elementen«: Handbuch der literarischen Rhetorik. Eine Grundlegung der Literaturwissenschaft. Bd 1, 2 [Text- und Registerbd mit Bibliogr.]. 2. Aufl. München: Hueber 1973.

[99] Babilas, Tradition und Interpretation (s. Anm. 97), S. 40.

[100] Babilas, Tradition und Interpretation (s. Anm. 97), S. 41 f.

[101] ERICH TRUNZ: Über das Interpretieren deutscher Dichtungen. In: Studium generale. Jg 5, H. 2, März 1952, S. 67.

[102] ERNST ROBERT CURTIUS: Europäische Literatur und lateinisches Mittelalter. 9. Aufl. Bern/München: Francke 1978, S. 384.

[103] WOLFGANG KAYSER: Das sprachliche Kunstwerk. Eine Einführung in die Literaturwissenschaft. 18. Aufl. Bern/München: Francke 1978, S. 329.

[104] Kayser, Sprachliches Kunstwerk (s. Anm. 103), S. 267.

[105] Kayser, Sprachliches Kunstwerk (s. Anm. 103), S. 268.

[106] Eine ausgezeichnete Einführung bietet die Einleitung des Buches von DIETRICH SECKEL: Hölderlins Sprachrhythmus. Mit einer Einleitung über das Problem des Rhythmus und einer Bibliographie zur Rhythmus-Forschung. Leipzig: Mayer & Müller 1937. (Palaestra. 207.) – Zur Bibliogr. vgl. auch: Deutsche Philologie im Aufriß. Bd 3. 2. Aufl. Berlin: Erich Schmidt 1962 (Nachdruck 1967), Sp. 2526 f.

[107] Zu Klauseln und Cursus vgl. KONRAD BURDACH: Über den Satzrhythmus der deutschen Prosa. In: Vorspiel. Gesammelte Schriften zur Geschichte des deutschen Geistes. Bd 1, T. 2. Halle/S.: M. Niemeyer 1925, S. 223–242. (Deutsche Vierteljahrsschrift für Literaturwissenschaft und Geistesgeschichte. Buchreihe. Bd 2.)

[108] FRIEDRICH BEIßNER: Unvorgreifliche Gedanken über den Sprachrhythmus. In: Festschrift für Paul Kluckhohn und Hermann Schneider. Hrsg. von ihren Tübinger Schülern. Tübingen: Mohr 1948, S. 433.

[109] Beissner, Gedanken über den Sprachrhythmus (s. Anm. 108), S. 435.

[110] Beissner, Gedanken über den Sprachrhythmus (s. Anm. 108), S. 441 f.

[111] Beissner, Gedanken über den Sprachrhythmus (s. Anm. 108), S. 427.

[112] LUDWIG TIECK in einem Brief vom 23. Dez. 1797 an A. W. SCHLEGEL. In: Ludwig Tieck und die Brüder Schlegel. Briefe mit Einl. und Anm., hrsg. von H[enry] Lüdeke. Frankfurt/M.: Baer 1930, S. 36.

[113] Goethes Werke. [Weimarer Ausg.] Bd 48. Weimar: Böhlau 1897, S. 122.

[114] BERTOLT BRECHT: Fünf Schwierigkeiten beim Schreiben der Wahrheit.

(21. Versuch.) In: Mutter Courage und ihre Kinder. Eine Chronik aus dem Dreißigjährigen Krieg. (Ausg. 9 der Versuche: 20. und 21. Versuch.) Frankfurt/M.: Suhrkamp 1949, S. 90f.

[115] IMMANUEL KANT: Grundlegung zur Metaphysik der Sitten. Sämtliche Werke. Hrsg. von O. Buek u. a. Bd 3. 6. Aufl., hrsg. von Karl Vorländer. Leipzig: F. Meiner 1920, S. 52.

[116] Kleines literarisches Lexikon. 4., neu bearb. u. stark erw. Aufl. Bd 3: Sachbegriffe. [...] hrsg. von Horst Rüdiger u. Erwin Koppen. Bern/München: Francke 1966, S. 342. (Sammlung Dalp. Bd 17.)

[117] Für *wanden* hat das »Trauerspiel [...] Neue für die Mannheimer Bühne verb. Aufl.« von 1782 „wandten“. Der Abschnitt, der das Wort *kreisen* enthält, ist dort getilgt. Doch hat das »Trauerspiel« an anderen Stellen „kreißend“ bzw. „Gebärerin“, wo es in der Erst- und Zweitausgabe des »Schauspiels« *kreisend* heißt. (Vgl. Bd 3 der Schiller-Nationalausgabe, S. 24 u. 152; 131 u. 231).

[118] FRANZ BORN: Vorhang auf für eine Premiere. Berühmte Uraufführungen zwischen Skandal und Erfolg. – In: Der Tagesspiegel. Berlin, 30. 1. 1966.

[119] Die Kürzungen des Textes: In der 2., verb. Aufl. des »Schauspiels« von 1782 entfällt: *einen eisernen* (Z. 19) – *seiner Hand* (Z. 29). Zur weiteren Kürzung im »Trauerspiel« vgl. Nationalausg. Bd 3, S. 221, Z. 14–33.

Die Äußerungen zweier Zeitgenossen lassen die Gründe erkennen, die SCHILLER vermutlich zu seinen Streichungen veranlaßten: „[...] ich glaube kein Drama, sondern einige Kapitel aus der Offenbarung Johannis zu lesen; völlig derselbe Ton“. [CHRISTIAN FRIEDRICH TIMME in seiner Rezension der Erstausgabe: Erfurtische Gelehrte Zeitung. Erfurt, 24. 7. 1781. Zitiert nach: Julius W. Braun (Hrsg.): Schiller und Goethe im Urtheile ihrer Zeitgenossen. I. Abth., Bd 1. Leipzig: Schlicke 1882, S. 7.] „Der Traum von Franz Moor ist fürchterlich, schreckbar wirkend; aber wird ihn Franz Moor in seiner Lage so umständlich erzählen? [...] Denn ist Franz noch bey sich, so erzählt er solchen Traum nicht; hat ihn Verstand und Geistesgegenwart verlassen: so ist ihm das Gedächtniß so treu nicht, kann das Vergangne so wohlgeordnet, weitläufig und richtig nicht wiedergeben.“ [ANTON KLEIN in seiner Rezension der Zweitausgabe des »Schauspiels« in: Pfälzisches Museum, Mannheim, vom Jahre 1783–84, Bd 1, S. 225–290. Zitiert wie oben, S. 57.]

[120] GOTTHOLD EPHRAIM LESSING: Von dem Wesen der Fabel. In G. E. L: Fabeln. Drey Bücher nebst Abhandlungen mit dieser Dichtungsart verwandten Inhalts. 1759. Zitiert nach: G. E. Lessings Sämtliche Schriften. Hrsg. von Karl Lachmann. 3. [...] Aufl., hrsg. von Franz Muncker [im folgenden: Lessing] Bd 7. Stuttgart: Göschen 1891, S. 418. Unveränd. photomechan. Nachdruck. Berlin: de Gruyter 1968.

[121] Nämlich das erste von »Drey Bücher[n]«. J. KONT hat als erster darauf hingewiesen, daß Lessing „jedem seiner drei Bücher eine Einleitungsfabel [vorausschickt], die in der Form eines poetischen Wegweisers das Thema des betreffenden Buches angibt“. Vgl. HANS LOTHAR MARKSCHIES: Lessing und die äsopische Fabel. In: Wissenschaftl. Zeitschr. der Karl-Marx-Universität Leipzig. Jg 4, 1954/55. Gesellschafts- und sprachwiss. Reihe. H. 1/2, S. 138. (J. KONT: Lessing et l'antiquité. Étude sur l'Hellénisme et la

critique dogmatique en Allemagne au XVIIIe siècle [Paris 1894, 1899]. T. 2, p. 39.)

[122] Lessing, Von dem Wesen der Fabel (s. Anm. 120), S. 467.

[123] Lessing, Von dem Wesen der Fabel (s. Anm. 120), S. 472.

[124] Lessing, Von dem Wesen der Fabel (s. Anm. 120), S.472f.

[125] Lessing, Von dem Wesen der Fabel (s. Anm. 120), S. 473.

[126] Lessing, Von dem Wesen der Fabel (s. Anm. 120), S. 471.

[127] Lessing, Von dem Wesen der Fabel (s. Anm. 120), S. 471.

[128] Lessing, Von dem Wesen der Fabel (s. Anm. 120), S. 472.

[129] GERO VON WILPERT: Sachwörterbuch der Literatur. 5., verb. u. erw. Aufl. Stuttgart: Kröner 1969, S. 376. (Kröners Taschenausg. Bd 231).

[130] Ich verdanke diese Auskunft und den zitierten Literaturhinweis dem 1979 verstorbenen Archäologen und Kenner der Geschichte Berlins Fritz Paulus. Vgl. HANS-WERNER KLÜNNER: Das Panorama der Straße Unter den Linden im Jahre 1880. In: Mitteilungen des Vereins für die Geschichte Berlins. N. F. Nr 4, 1. Apr. 1966: „Besonders gut ist auf der Lindenrolle die Front des Pontonhofes [Unter den Linden 74 (S. 51)] zu erkennen, dessen Mittelbau 1736 entstand" (S. 54). Dies berichtigt Helmut Sembdners Anmerkung in seiner Kleist-Ausgabe (s. Quellenverzeichnis [19], Bd 2, S. 911, wonach der *Pontonhof* „eine nicht näher zu ergründende Berliner Lokalität" ist.

[131] Das Buch von FRIEDRICH STÄHLIN: Hebel und Kleist als Meister der Anekdote (2., erw. Aufl. Lübeck und Hamburg: Matthiesen 1966) enthält zwar einen Hinweis auf das hier untersuchte einzige Beispiel einer sowohl von Hebel wie von Kleist bearbeiteten Anekdote und ihrer gemeinsamen Quelle, begnügt sich aber mit der Feststellung, sie ließen sich – „auch im Unterricht" – „exemplarisch'" behandeln (S. 4, Anm. 1).

[132] Freilich ist dieses Phänomen auch anderswo in der zeitgenössischen Literatur zu beobachten: „den eigenen Wert verkleinern, ist [...] bei den empfindsamen Gestalten der Rührkomödie und des ‚Bürgerlichen Trauerspiels' nur ein wirksames Mittel, das Selbstgefühl zu erhöhen. [Es] löst sich dann auch der [...] Widerspruch, daß ein und dieselbe Person jetzt sich demütigen und ihre Verdienste herabsetzen und wenig später das genaue Gegenteil tun und starkes Selbstbewußtsein äußern kann: Zwischen diesem und jenem besteht ein kausaler Zusammenhang." LOTHAR PIKULIK: „Bürgerliches Trauerspiel" und Empfindsamkeit. Köln/Graz: Böhlau 1966, S. 83 (Literatur und Leben. N. F. Bd 9).

[133] GOTTFRIED BENN in: Marginalien. 1949. Gesammelte Werke. Hrsg. von Dieter Wellershoff. Bd 1. Wiesbaden: Limes 1959, S. 390.

[134] BENN in: Probleme der Lyrik. 1950. Ges. Werke (s. Anm. 133), Bd 1, S. 505.

[135] Anonymer Rezensent der Schrift: Über die Leiden des jungen Werthers. Gespräche (Berlin: Decker 1775) in: Frankfurter gelehrte Anzeigen. Frankfurt a. M., 24. 3. 1775. Zitiert nach Julius W. Braun (Hrsg.): Goethe im Urtheile seiner Zeitgenossen. Berlin: Luckhardt 1883, S. 91.

[136] Zitate nach VLADIMIR VLADIMIROVIČ MAJAKOVSKIJ: Wie macht man Verse? 1927. Übers. von Dierk Rodewald in: Ars poetica. Texte von Dichtern des 20. Jahrhunderts zur Poetik. Hrsg. von Beda Allemann.

Darmstadt: Wiss. Buchgesellsch. 1966, S. 117.

[137] HENRY CRABB ROBINSON: Diary. (Bericht über ein Gespräch mit Goethe, 2. 8. 1829.) Zitiert nach: Goethes Werke (Hamburger Ausg.) Bd 6 (1951), S. 536.

[138] GEORG CHRISTOPH LICHTENBERG: ›Sudelbuch‹ F, Aphorismus 512. Ed. Leitzmann (s. Quellenverzeichnis [23]), H. 3, S. 218.

[139] PAUL VALÉRY: Mauvaises pensées et autres. In: P. V.: Œuvres. Ed. établie et annotée par Jean Hytier. T. 2. Paris: Gallimard 1960, p. 794 (Bibliothèque de la Pléiade. 148). Dt. P. V.: Schlimme Gedanken und andere. Übers. von Werner Riemerschmid. Frankfurt am Main: Insel 1963, S. 20.

[140] ERICH TRUNZ: Anmerkungen des Herausgebers zu »Die Leiden des jungen Werthers«. Goethes Werke. (Hamburger Ausg.) Bd 6 (1951, S. 551.

Vorbemerkung

Seit 1967, als diese Einführung zuerst erschien, sind Arbeiten zur Textanalyse, die damals selten waren, in derartiger Fülle auf den Markt gelangt, daß es kaum noch möglich scheint, sie alle zu überblicken. Namentlich solche, die Texte verschiedenster Art unter linguistischen oder wie immer bestimmten strukturanalytischen Gesichtspunkten behandeln, gehören in jedes literaturwissenschaftliche Verlagsprogramm. Ihre Auflistung mit dem Streben nach größtmöglicher Vollständigkeit wäre eher verwirrend als hilfreich. Zweckdienlich scheint mir eine Beschränkung auf Arbeiten, die das hier gezeigte Analyseverfahren von andern, doch verwandten Seiten ergänzen oder ihm den Rahmen geben, in den es systematisch gehört. Die Frage, was aufzunehmen sei, wurde also danach entschieden, ob es dem gleichen Zweck wie diese Einführung dient, nämlich den Studenten auf den Umgang mit Texten in der Seminarpraxis des Faches Neuere deutsche Literaturwissenschaft vorzubereiten.

Für Literatur über philologische Erkenntnis s. die Anmerkungen zu dem entsprechenden Kapitel (Nr 1–103).

Grundrisse, Handbücher, Nachschlagewerke zur Literaturwissenschaft

Deutsche Philologie im Aufriß. Unter Mitarbeit zahlreicher Fachgelehrter hrsg. von Wolfgang Stammler. Bd 1–3. Unveränd. Nachdr. der 2. Aufl. Berlin: E. Schmidt Bd 1, 2: 1978, Bd 3: 1979.

Reallexikon der deutschen Literaturgeschichte. Begründet von Paul Merker und Wolfgang Stammler. 2. Aufl. Bd 1–3. Hrsg. von Werner Kohlschmidt und Wolfgang Mohr. Ab Bd 4 hrsg. von Klaus Kanzog und Achim Masser. Berlin, New York: de Gruyter (jüngste Lieferung 5/6) 1981.

ARNOLD, HEINZ LUDWIG und VOLKER SINEMUS (Hrsg.): Grundzüge der Literatur- und Sprachwissenschaft. Bd 1: Literaturwissenschaft. 5. Aufl. München: Deutscher Taschenbuch Verl. 1978 (dtv. Wissenschaftliche Reihe. 4226).

WILPERT, GERO VON: Sachwörterbuch der Literatur. 6., verb. und erw. Aufl. Stuttgart: Kröner 1979 (Kröners Taschenausg. 231).

RÜDIGER, HORST und ERWIN KOPPEN (Hrsg.): Kleines literarisches Lexikon. Bd 3: Sachbegriffe. Unveränd. Nachdr. der 4., neu bearb. und stark erw. Aufl. Bern, München: Francke 1973 (Sammlung Dalp. 16b).

FRIEDRICH, WOLF-HARTMUT und WALTER KILLY (Hrsg.): Das Fischer-

Lexikon Literatur II, 1/2. Frankfurt am Main: Fischer Taschenbuch Verl. (zuerst) 1965.

KRYWALSKI, DIETHER (Hrsg.): Handlexikon der Literaturwissenschaft. 2., durchges. Aufl. München: Ehrenwirth 1976.

BEST, OTTO F.: Handbuch literarischer Fachbegriffe. Definitionen und Beispiele. Frankfurt am Main: Fischer Taschenbuch Verl. 1972 (Fischer Handbücher. 6092).

KRAHL, SIEGFRIED und JOSEF KURZ: Kleines Wörterbuch der Stilkunde. Leipzig: VEB Bibliographisches Institut 1970.

FRENZEL, ELISABETH: Stoffe der Weltliteratur. Ein Lexikon dichtungsgeschichtlicher Längsschnitte. 4., überarb. Aufl. Stuttgart: Kröner 1976 (Kröners Taschenausg. 300).

DIES.: Motive der Weltliteratur. Ein Lexikon dichtungsgeschichtlicher Längsschnitte. 2., verb. und um ein Register erw. Aufl. Stuttgart: Kröner 1976 (Kröners Taschenausg. 301).

DIES.: Stoff- und Motivgeschichte. 2., verb. Aufl. Berlin: E. Schmidt 1974 (Grundlagen der Germanistik. 3).

Einführungen

Allgemeine Einführungen in die Literaturwissenschaft

WELLER, RENÉ and AUSTIN WARREN: Theory of Literature. New York: Harcourt, Brace and Company 1942. Reprinted in Pelican Books. Harmondsworth, Middlesex/New York etc.: Penguin Books 1980.

DIESS.: Theorie der Literatur (Theory of Literature, deutsch). Übertr. von Edgar und Marlene Lohner. Frankfurt am Main: Athenäum 1971 (Schwerpunkte Germanistik [3]).

KAYSER, WOLFGANG: Das sprachliche Kunstwerk. Eine Einführung in die Literaturwissenschaft [1948]. 18. Aufl. Bern, München: Francke 1978.

STRELKA, JOSEPH: Methodologie der Literaturwissenschaft. Tübingen: Niemeyer 1978.

GUTZEN, DIETER, NOBERT OELLERS, JÜRGEN H. PETERSEN unter Mitarb. von Eckart Strohmaier: Einführung in die neuere deutsche Literaturwissenschaft. Ein Arbeitsbuch. 3., veränd. und erw. Aufl. Berlin: E. Schmidt 1979.

Einführungen in einzelne Formen oder Gebiete

KNÖRRICH, OTTO (Hrsg.): Formen der Literatur. Stuttgart: Kröner 1981 (Kröners Taschenausg. 478).

LÄMMERT, EBERHARD: Bauformen des Erzählens. 7., unveränd. Aufl. Stuttgart: Metzler 1980.

VOGT, JOCHEN: Aspekte erzählender Prosa. 4. Aufl. Wiesbaden: Westdeutscher Verl. Opladen 1979 (Grundstudium Literaturwissenschaft. 8).

SCHLÜTER, HERMANN: Grundkurs der Rhetorik mit einer Textsammlung. 2. Aufl. München: Deutscher Taschenbuch Verl. 1975 (dtv. W. R. 4149).

PLETT, HEINRICH F.: Einführung in die rhetorische Textanalyse. 3. Aufl.
Nachdr. der 2., durchges. Aufl. 1972. Hamburg: Helmut Buske Verl.
1975.
BRAAK, IVO: Poetik in Stichworten. Eine Einführung. 6., überarb. und erw.
Aufl. Kiel: Hirt 1980 (Hirts Stichwörterbücher).

Zum Verfahren der Textanalyse

Aufsatzsammlungen

GRIMM, REINHOLD und JOST HERMAND (Hrsg.): Methodenfragen der
deutschen Literaturwissenschaft. Darmstadt: Wissenschaftliche Buchge-
sellschaft 1973 (Wege der Forschung. 290). – Hierin, unter dem
Gesichtspunkt der Textanalyse bzw. der Interpretation im Verhältnis zu
anderen literaturwissenschaftlichen Arbeitsweisen, besonders:
WIESE, BENNO VON: Geistesgeschichte oder Interpretation? (1963),
    S. 79–100.
RÜDIGER, HORST: Zwischen Interpretation und Geistesgeschichte. Zur
    gegenwärtigen Situation der deutschen Literaturwissenschaft (1963),
    S. 101–124.
BENN, MAURICE B.: Problematische Aspekte der Stilkritik. Bemerkungen
    zu der literaturwissenschaftlichen Methode Emil Staigers (1965),
    S. 255–267.
ENDERS, HORST (Hrsg.): Die Werkinterpretation. 2. Aufl. Darmstadt:
Wissenschaftliche Buchgesellschaft 1978 (Wege der Forschung. 36). –
Hierin besonders:
SPITZER, LEO: Zur sprachlichen Interpretation von Wortkunstwerken
    (1930), S. 34–62.
STAIGER, EMIL: Die Kunst der Interpretation (1951), S. 146–168.
BURGER, HEINZ OTTO: Methodische Probleme der Interpretation (1950/
    51), S. 198–213.
KLEIN, WOLFGANG (Hrsg.): Methoden der Textanalyse. Mit Beiträgen von
Johannes Anderegg, Peter Conrady, Ernest W. R. Hess-Lüttich, Jens F.
Ihwe, Wolfgang Klein, Burghard Rieger, Michael Titzmann, Wolfgang
Wildgen, Marianne Wünsch. Heidelberg: Quelle & Meyer 1977
(medium literatur. 3). – Hierin besonders:
KLEIN, WOLFGANG: Die Wissenschaft der Interpretation, S. 1–23.
IHWE, JENS F.: Sprache und Interpretation, S. 24–31.
TITZMANN, MICHAEL: Aspekte der strukturalen Textanalyse, S. 45–60.
ANDEREGG, JOHANNES: Stildefinition und Wissenschaftsparadigma,
    S. 73–83.

Einführungen und Anleitungen

ANDEREGG, JOHANNNES: Leseübungen. Kritischer Umgang mit Texten des
18. bis 20. Jahrhunderts. Göttingen: Vandenhoeck & Ruprecht 1970.

MICHAEL, GEORG (FRANZ GRAEHN und GÜNTER STARKE): Einführung in die Methodik der Stiluntersuchung. Ein Lehr- und Übungsbuch für Studierende. 2. Aufl. Berlin: Volk und Wissen 1972.

ARNDT, ERWIN, WERNER HERDEN, URSULA HEUKENKAMP, FRANK HÖRNIGK, EVA KAUFMANN: Probleme der Literaturinterpretation. Zur Dialektik der Form-Inhalt-Beziehungen bei der Analyse und Interpretation literarischer Werke. Leipzig: Bibliographisches Institut 1978 (Einführung in die Literaturwissenschaft in Einzeldarstellungen).

Einzelarbeiten

HIRSCH, E[ric] D[onald], Jr.: The Aims of Interpretation. Chicago and London: The University of Chicago Press 1976.

HESS, RAINER: Erkenntnis und Methode in der Literaturwissenschaft. In: Germanisch-Romanische Monatsschrift. Bd 53, N. F. Bd 22, 1972, S. 419–432.

HENEL, HEINRICH: Interpretation als Wissenschaft. In: Akten des V. Internationalen Germanisten-Kongresses Cambridge 1975. Jahrbuch für Internationale Germanistik. Reihe A. Bd 2/1, 1976, S. 17–35.

BURCKHARDT, SIGURD: Zur Theorie der werkimmanenten Deutung. In Egon Schwarz, Hunter G[rubb] Hannum und Edgar Lohner (Hrsg.): Festschrift für Bernhard Blume. Aufsätze zur deutschen und europäischen Literatur. Göttingen: Vandenhoeck & Ruprecht 1967, S. 9–28.

Analysen und Interpretationen

Sammlungen

JANCKE, OSKAR: Kunst und Reichtum deutscher Prosa. Von Lessing bis Nietzsche. München: Piper 1941. (Bewegt sich mehr im Rahmen einer Deutung.)

MARTINI, FRITZ: Das Wagnis der Sprache. [Zwölf] Interpretationen deutscher Prosa von Nietzsche bis Benn. 6. Aufl. Stuttgart: Klett-Cotta 1970.

STENZEL, JÜRGEN: Zeichensetzung. Stiluntersuchungen an deutscher Prosadichtung. 2., durchges. Aufl. Göttingen: Vandenhoeck & Ruprecht 1970 (Palaestra. 241).

NEIS, EDGAR: Erlebnis und Gestalt. Motivgleiche Prosatexte. [Zehn Textpaare aus der Zeit von 1755–1914, mit Interpretationen.] 2. Aufl. Frankfurt am Main, Berlin, Bonn: Diesterweg o. J.

Einzelnes

SPITZER, LEO: Einige Voltaire-Interpretationen. [Hierin der Vergleich der Schilderung der Schlacht von Rocroi in Boussuets »Oraison funèbre« und deren Bearbeitung durch Voltaire in »Le siècle de Louis XIV«.] In L. S.: Romanische Stil- und Literaturstudien. Bd 2. Marburg: Elwert 1931, S. 226–237 (Kölner Romanistische Arbeiten. 2). ·

DERS.: ›Eplication de texte‹, angewandt auf Voltaire. [Hierin besonders der Abschnitt über den Brief an Madame Necker.] In L. S.: Eine Methode Literatur zu interpretieren. (A Method of Interpreting Literature [1949], deutsch.). Übers. von Gerd Wagner. 2. Aufl. München: Hanser 1970, S. 60–78 (Literatur als Kunst).

Auch in ders., dass. Frankfurt am Main, Berlin, Wien: Ullstein 1975, S. 60–78 (Ullstein Buch. 3133).

STAIGER, EMIL: ›Das Bettelweib von Locarno‹. Zum Problem des dramatischen Stils. In E. S.: Meisterwerke der deutschen Sprache aus dem 19. Jahrhundert. 3. Aufl. Zürich: Atlantis 1957, S. 100–117.

Auch in ders., dass. München: Deutscher Taschenbuch Verl. 1973, S. 87–102 (dtv. 4141).

Und in Schillemeit, Jost (Hrsg.): Interpretationen. Bd 4: Deutsche Erzählungen von Wieland bis Kafka. Frankfurt am Main: Fischer Taschenbuch Verl. (zuerst) 1966, S. 87–100 (Bücher des Wissens. 6023).

KAYSER, WOLFGANG: Übersatzmäßige Formen in einem Prosatext (Immermann [Anfang des ersten Kapitels von »Münchhausen«]). In W. K.: Das sprachliche Kunstwerk. Eine Einführung in die Literaturwissenschaft. 18. Aufl. Bern, München: Francke 1978, S. 151–154.

SEIDLIN, OSKAR: Stiluntersuchung an einem Thomas-Mann-Satz. In: Monatshefte. Vol. 39, 1947, pp. 439–448.

Auch in O. S.: Von Goethe zu Thomas Mann. Zwölf Versuche. 2., durchges. Aufl. Göttingen: Vandenhoeck & Ruprecht 1969, S. 148–161 (Kleine Vandenhoeck-Reihe. 170/S).

Und in Enders, Horst (Hrsg.): Die Werkinterpretation. 2. Aufl. Darmstadt: Wiss. Buchgesellsch. 1978, S. 336–348 (WdF. 36).

AHRENS, HANS: Analyse eines Satzes von Thomas Mann. Düsseldorf: Schwann 1964 (Beiheft zu der Zeitschrift Wirkendes Wort. Nr 10). (Hier besonders Kap. V: Aufbau und Gliederung, S. 36–50.)

ALEWYN, RICHARD: Eine Landschaft Eichendorffs. In: Euphorion. Bd 51, 1957, S. 42–60.

Auch in Schillemeit, Jost (Hrsg.): Interpretationen. Bd 4. Frankfurt am Main: Fischer Taschenbuch Verl. (zuerst) 1966, S. 196–217.

Und in Stöcklein, Paul (Hrsg.): Eichendorff heute. Stimmen der Forschung mit einer Bibliographie. Reprograph. Nachdr. (= 2., ergänzte Aufl.) Darmstadt: Wiss. Buchgesellsch. 1966, S. 19–43.

SPITZER, LEO: Amerikanische Werbung – verstanden als populäre Kunst. In L. S.: Eine Methode Literatur zu interpretieren. (A Method etc., s. o.) Frankfurt am Main, Berlin, Wien: Ullstein 1975, S. 111–126 (Ullstein Buch. 3133).

Unter dem Titel: Amerikanische Werbung als Volkskunst verstanden auch in: Sprache im technischen Zeitalter, 1964, S. 951–973.

REGISTER

Namenregister

Namen aus dem Quellenverzeichnis, den Literaturangaben und den zitierten Texten sind nicht in das Register aufgenommen

Sachregister

A. Allgemeines

B. Verzeichnis der Fachausdrücke

adonischer Schluß 64: s. cursus planus.

Adonius 40, 41: antiker Kurzvers aus Daktylus und Trochäus (–∪∪/–∪).

agogisch 40: die Abstufungen des Zeitmaßes betreffend.

Alexandriner 38, 59: im Deutschen ein sechstaktiger Jambenvers (s. Jamben) mit obligater Mittelzäsur: xx́ xx́ xx́ / xx́ xx́ xx́(x).

alexandrinisch 3: der spätgriechischen (hellenistischen) Kultur zugehörig, deren bedeutendstes geistiges Zentrum das ägyptische Alexandrien war.

allegoresenartig 86: in der Art einer Verbindung von uneigentlichen Ausdrücken (Metaphern) zu einem bildlichen Entsprechungs-Komplex.

Alternieren (regelmäßiges) 38, 93: durchgehendes Abwechseln unbetonter und betonungsfähiger Silben.

Ambiguität, gewollte 8: absichtliche Mehrdeutigkeit eines Worts, „dessen syntaktische Einordnung eindeutig ist und das sich nur in konkreter Auslegung als schwebend erweist" (G. v. WILPERT: Sachwörterbuch der Literatur. Stuttgart ⁵1969, S. 19).

Amphibrachys 94: Versfuß aus einer Länge (oder betonten Silbe), die von zwei Kürzen (oder unbetonten Silben) umrahmt ist: ∪–∪ (x×́x).

amplificatio, klimaktische 107: Ausdruckserweiterung durch stufenweise gesteigerte Intensität.

Anadiplose 57, 58, 84: Stilfigur, bei der das letzte Glied einer Wortgruppe zu Beginn der nächsten wiederholt wird (...z/z...).

Anaklasis 94: Wechsel des Versfußes innerhalb desselben Metrums, etwa x́xxx́ für x×́xx́ zu Beginn einer Jambenzeile.

Anapher 37, 58, 77: Stilfigur der Wiederholungen eines Ausdrucks an der Spitze aufeinanderfolgender Wortgruppen (a...x/a...y/a...z).

anaphorisch 52.

anaphorisch-anadiploseartig 57: s. Anadiplose.

Anastrophe 93: Abweichung von der gewöhnlichen Folge der Glieder oder Wörter im Satz.

Apokope 93: Wegfall eines Lautelements am Ende eines Wortes, z.B. hab' ich. Erfolgt es aus metrischen Gründen, spricht man von Elision (s. dort).

aptum 81, 84: das Zweckdienliche des rednerischen oder literarischen Verfahrens.

äußeres aptum 85: aptum im Hinblick auf die Publikumswirksamkeit.

inneres aptum 85: aptum im Hinblick auf die ,Stimmigkeit' der Rede oder des Werkes in sich.

argumentatio 62: Redeteil, in dem die Durchführung des Beweises erfolgt, der in der Eröffnung angekündigt worden ist.

Aspiration 3: das Versehen mit Hauchlaut (h), der in älterem Griechisch nicht geschrieben, in jüngerem bei vokalischem Wortanlaut durch entsprechenden Akzent als eintretend oder nicht eintretend bezeichnet wurde.

Asyndetik 52: grammatische Unverbundenheit durch das Fehlen von Konjunktionen.

asyndetisch 52, 53, 72.

Blankverse 38: reimlose jambische Fünftakter mit freier Zäsur: x×́ x×́ x×́ x×́ x×́(x), s. Jamben.

catastasis 78: jener Teil des Dramas, vor der dramatischen Wende, in dem die Handlung einen scheinbaren Stillstand erreicht (retardierendes Moment).

certum 62: das aufgrund der Beweisführung der Rede als sicher Erscheinende.

Chiasmus 37, 83, 84: Stilfigur der Überkreuzstellung einander entsprechender Elemente (a+b:b+a), z.B.: „Die Kunst ist lang, und kurz ist unser Leben".

chiastisch 40, 64, 73.

Choriambus 40: antiker Versfuß, bei dem zwei Längen zwei Kürzen umschließen (–∪∪–).

clausulae 39: auf dem Wechsel verschiedener Silbenlängen beruhender rhythmischer Satzschluß in antiker Rhetorik und Kunstprosa.

Concetto 73, 112: geistreich zugespitztes (Gedanken- und) Wortspiel.

conclusio 63: Schlußfolgerung beim Syllogismus (s. dort).

consuetudo 93: ‚Gewohnheit', die jeweils zu einer Zeit herrschende Sprachnorm.

copiosum dicendi genus 67: Redeweise, die längende Ausdrucksmittel wie Umschreibungen und Aufschwellungen liebt.

correctio, verdeckte 67: Zurechtrücken eines Ausdrucks durch überbietende Abfolge verwandter Bezeichnungen.

Cursus 39, 41, 84: die antiken clausulae (s. dort) ablösende Form des rhythmischen Satzschlusses, die nicht mehr auf der Silbenlänge, sondern auf den Akzenten beruht.

cursus planus 40, 41, 84: rhythmischer Satzschluß, bei dem die Akzentverhältnisse dem Adonius entsprechen (s. dort).

daktylisch 38, 41, 84, 93: s. Daktylus.

Daktylus 94: antiker Versfuß aus einer langen (Hebungs-)Silbe und zwei folgenden kurzen (Senkungs-)Silben (–∪∪), im Deutschen aus betonter Silbe und zwei unbetonten (x́xx).

désis, δέσις 78: jener Teil des Dramas, in dem sich die Entwicklung bis zur dramatischen Wende vollzieht (Schürzung des Knotens).

diakritische Zeichen 3: Zeichen, die ins Schriftbild eingesetzt werden, um vorhandene oder nicht vorhandene Aspiration (s. dort), Wortbetonung und Vokalquantität (s. dort) zu bezeichnen.

docere 62: das Darlegen des Beweisziels im Anfangsteil der Rede.

electio 81: die im Hinblick auf die Wirksamkeit der Rede oder des Werkes getroffene Auswahl der Teile.

Elision 93: metrisch begründetes Abstoßen eines Lautelements am Ende eines Wortes, z.B.: Bist du bei mir, geh' ich mit Freuden ...

Ellipse(n): 57, 73, 74, 84: syntaktische Konstruktionen, bei denen weniger wichtige, aus dem Sinnzusammenhang ergänzbare Teile entfallen.

elliptisch 73,82, 113.

emblematisch 30: mit Bild- oder Zeichencharakter von bestimmtem abstrakten Sinngehalt.

Emendation 3: Besserung, die der Herausgeber an einer verderbten Stelle seines Textes vornimmt.

Epitase (epitasis), dynamische 78, 84: derjenige Teil des Dramas, nach der Skizzierung der Ausgangslage, in dem sich die Handlung entfaltet und steigert.

Ethopoeie 69: Darstellung bewegter und meistens leidenschaftlicher Seelenzustände, bei der der Verfasser in der Rolle einer fiktiven Person spricht.

ēthos, ἦθος 55: Denkweise, Sinnesart, geistiges Wesen.

146

geminatio 83: Wiederholung eines Wortes oder einer Wortgruppe im Kontakt ([...] a, a . . .).

genus deliberativum 62: Redegattung, bei der es darum geht, eine bestimmte Entscheidung unter verschiedenen möglichen als vernünftig oder wünschenswert zu erweisen.

genus humile 63: Rede- oder Schreibstil mit wenig Schmuck, bei dem es auf Durchsichtigkeit und Verständlichkeit ankommt.

genus sublime 63: pathetischer, schmuckreicher Stil, der auf Erschütterung ausgeht.

genus vehemens 83: Variante des vorigen, die „hämmernde Kommata" (Lausberg) bevorzugt; s. Komma.

Grandiloquenz 106: Redeweise, bei der es auf Pracht und Großartigkeit ankommt.

hebungsfähige Silben 93: Silben, die aufgrund ihrer sprachlichen Beschaffenheit eine tonfordernde Stelle im Vers einnehmen können.

Hendiadyon 67: Redefigur, bei der eine einzige Vorstellung durch zwei einander nebengeordnete Ausdrücke bezeichnet wird, obwohl ein inneres Unterordnungsverhältnis vorliegt, z.B. „mit Fackeln und Feuer" statt: mit brennenden Fackeln.

hermeneutica sacra 1: ‚heilige Hermeneutik‘, Lehre der Bibelauslegung, s. Hermeneutik.

Hermeneutik 1, 2, 6, 7, 11, 16, 18, 26: Auslegungslehre. Das Wort ist vom Namen des Hermes abgeleitet, der als Bote den Menschen das Wort der Götter brachte. (Hermeneutik war ursprünglich die Kunst der Bibelauslegung.)

hermeneutisch 2, 11, 12, 15, 23.

hermetisch 7, 8, 11: verschlüsselt, Enträtselung erfordernd; von Hermes (Trismegistos [der Dreimalgrößte]), dem spätantiken Gott der geheimen Weisheit. Die ihm zugeschriebenen Texte waren dunkel, um Unbefugte fernzuhalten.

heuristisch 34: vom gr. ‚finden‘, die Wege zum Finden der Erkenntnis weisend (in einem vorsystematischen Stadium des Suchens).

Hexameter [daktylischer] 29, 37, 38, 40; antiker sechstaktiger Vers aus Daktylen (s. dort) bzw. Spondeen (– –) mit obligat verkürztem (zweisilbigen) Ausgang und variabler, doch geregelter Zäsur.

Hypallage 67: grammatische Figur, bei der ein Adjektiv mit einem anderen Substantiv verbunden wird als dem, auf das es sich dem Sinne nach bezieht, z.B.: „des Knaben lockige Unschuld".

Hyperbolik 107: eine die Maße sprengende Übertreibung des Ausdrucks.

hyperbolisch 68.

hyperkatalektisch 41: mit einer überzähligen Silbe im letzten Versfuß.

hypotaktisch 48: s. Hypotaxe.

Hypotaxe 82: unterordnende Satzgliederung, bei der es zu verschachtelten Gefügen kommen kann.

Insertion 48: das Sich-Einschieben eines Satzes oder einer Konstruktion in den syntaktischen Zusammenhang.

Inversion 83: Umstellung der regelmäßigen Wortfolge.

iteratio 83: s. geminatio.

iudicium 32: die Urteilskraft des Redners oder Verfassers.

Jamben 41: Versfüße aus einer kurzen (Senkungs-) und einer langen (Hebungs-)Silbe (∪–), im Deutschen aus unbetonter und betonter Silbe (x×́).

jambisch 41, 84, 93.

jambo-trochäisch 38, 93: aus regelmäßig wechselnden kurzen und langen, bzw. unbetonten und betonten Silben (oder umgekehrt), also jambisch oder trochäisch, je nach vorhandenem oder fehlendem Auftakt (leichter Vorschlagssilbe vor der ersten Hebung).

Kadenz 41: das Zur-Ruhe-Kommen der rhythmischen Bewegung am Ende des Verses oder der Redeeinheit (Periode, Satz oder Abschnitt im Satz).

katastrophē, καταστροφή 78: die entscheidende Wendung auf dem Höhepunkt des Dramas (Peripetie, Glücksumschwung).

Kolon, pl. Kola 39, 53, 58, 84: Teil eines syntaktischen (oder metrischen) Gefüges, kleiner als die Periode, aber größer als das Komma (s. dort).

Komma(ta) 39, 58: kleinste syntaktische Einheit(en) im Satz oder Vers.

langue 24: Sprache als System ihrer Elemente und Gesamtheit der darin möglichen Beziehungen.

lex potentior 85: die für den Redner oder Autor entscheidende Rücksicht beim Konflikt von rhetorischen Geboten.

locus amoenus 88, 93: ,lieblicher, angenehmer Ort', eine Örtlichkeit, die mit den konventionellen Zügen ländlicher Schönheit ausgestattet wird, wie die europäische literarische Tradition seit Homer sie herausgebildet hat.

lýsis, λύσις 78: der zweite Teil des Dramas mit der Lösung der dramatischen Verwicklung, die im ersten Teil herbeigeführt worden ist.

materiae, sprachlich geformte 31: Stoffe, Themen oder Motive, die rednerisch oder literarisch bereits behandelt worden sind.

mēchanē, μηχανή 1: das Überlegte und Kunsthafte des literarischen Verfahrens.

Metaplasmus 41, 93: Umbildung des Wortkörpers durch Erweiterung oder Verkürzung.

metaplastisch 73, 113.

monosyndetisch 72: nur einmal, gewöhnlich vom vorletzten zum letzten Glied, durch Konjunktion verbunden: a, b, c und d.

Numerus 42: in der Prosa der durch Pausen, Sprachmelodie und Akzente geprägte Rhythmus des Satzes.

ordo artificialis 46, 49, 71: die von der natürlichen abweichende, rhetorischen Gesetzen gehorchende ,künstliche' Wort- oder Satzfolge.

ordo naturalis 46, 72, 93: die natürliche Wort- oder Satzfolge.

Oxymoron 118: Stilfigur, bei der zwischen antithetischen Gliedern ein intellektuelles Paradox konstituiert wird, z.B.: „beredtes Schweigen".

oxytonischer Schluß 40, 41, 64, 84: eine Form des Cursus (s. dort), die dem Choriambus (s. dort) entspricht.

Paragoge 93: Hinzufügung eines Lautelements am Ende eines Worts: dreie, viere, fünfe.

parallelismus membrorum 83: Gleichlauf syntaktischer Elemente durch Wiederkehr derselben Reihenfolge und annähernd auch der gleichen Zahl der Wörter, wobei der zweite Teil den ersten durch variierendes Umschreiben verstärkt.

parataktisch 48: s. Parataxe.

Parataxe 58, 59, 82, 83: das Nebenordnen von Sätzen.

parole 24: Sprache als konkrete mündliche oder schriftliche Äußerung, die eine der unausschöpfbaren Möglichkeiten von Sprache als System (langue, s. dort) verwirklicht.

pars pro toto 67: eine Erscheinung der Synekdoche (s. dort), bei der ein Teil als Bezeichnung des Ganzen erscheint, z.B.: „ihm fehlt kein teures Haupt".

Pentamenter [daktylischer] 38: ‚Fünfmesser', Vers aus 2½ + 2½ Daktylen (s. dort) mit obligater Mittelzäsur; im Deutschen: x́x(x) x́x(x) x́/x́xx x́xx x́.

Periphrasen 106: Umschreibungen eines Worts durch mehrere andere.

peroratio 62, 64: der Schlußteil der Rede, in dem das Bewiesene noch einmal zusammenfassend dargestellt wird.

polysyndetisch 72: von Glied zu Glied durch Konjunktionen verbunden, z.B.: a und b und c und d.

Prämisse 63: die ‚Voraus-setzung' beim Syllogismus (s. dort).

praemissa maior 63: die der Darlegung des Beweisziels folgende (inhaltlich weitere) Voraussetzung.

praemissa minor 63: die sich anschließende (inhaltlich engere) Voraussetzung.

probare 62: Das Durchführen des Beweises für die eingangs der Rede aufgestellte Behauptung.

probatio 1 und 2 62, 64: die den Prämissen (s. dort) des Syllogismus (s. dort) zuzuordnenden ‚Beweise' im argumentierenden Hauptteil der Rede.

propositio 62, 63, 64: jener Teil der Rede oder des Syllogismus (s. dort), der das Beweisziel voranstellt.

proprium 68: s. verbum proprium.

Protasis 78: jene Phase im ersten Teil des Dramas, die die volle Entwicklung der Handlung durch das Herstellen der dramatischen Situation vorbereitet.

quantitierendes System 39: Verssystem, das auf der verschiedenen Länge der Silben beruht.

refutatio 62, 64: derjenige Teil der Rede, in dem die Beweisführung des Gegners bekämpft wird.

Senkung, doppelte 38, 93: zwei unbetonte Silben, die in einem Vers aufeinanderfolgen, z.B. zwischen betonten: x́xxx́.

Senkungssilbe(n) 93, 94: Silbe(n) ohne Betonung im Vers, akzentlose Silbe(n).

septem liberales artes 21: die sieben freien (d.h. einem Freien anstehenden) Künste, der spätantik-mittelalterliche Kanon eines ‚Dreiwegs‘ (trivium) von Grammatik, Rhetorik und Dialektik (= Logik) und des höheren ‚Vierwegs‘ (quadrivium) von Arithmetik, Geometrie, Astronomie und Musik.

Situationsmächtiger 62, 65: derjenige, bei dem die Entscheidungsgewalt liegt und auf den der Redner mit seiner Rede zu wirken sucht.

skandieren 38, 42: beim Lesen von Versen das metrische Schema durch starkes Betonen hervorheben.

Skansion 42: das Skandieren (s. dort).

Sperrung 37: künstliche Trennung von syntaktisch zusammengehörigen Wörtern.

Syllogismus 63: ein Schema der Argumentation, bei dem das Beweisziel genannt, durch zwei logische Schritte erreicht und zum Schluß der Beweis als erbracht konstatiert wird.

syndetisch 83: grammatisch durch Konjunktionen verbunden.

Synekdoche 67: Figur, bei der eine Verschiebung innerhalb der begrifflichen Ebene des zu Benennenden erfolgt, z.B. in Gestalt der pars pro toto (s. dort).

  Synekdoche vom Weiteren 67: Form der Synekdoche, bei der das begrifflich Engere durch das begrifflich Weitere umschrieben wird: ‚Buchstaben‘ durch ‚Zeichen‘.

Synkopen 93: Auswerfungen eines Lautelements aus dem Innern eines Worts wie in ‚geh’n‘.

Synkopierungen 37.

Synonymie, anaphorische 57: durch dieselbe Einleitung verbundene Ausdrücke verwandter Bedeutung, z.B.: „in nichts, in keinem Punkt".

Synonymie, glossierende 67: Erläuterung eines ‚dunklen‘ Ausdrucks durch einen klareren.

Synonymie, klimaktische 67: stufenweises Abwandeln der Bedeutung in aufeinanderfolgenden Ausdrücken von ähnlichem Inhalt.

trochäisch 38: in Versfüßen (Trochäen), die aus einer langen bzw. betonten (Hebungs-) und einer kurzen bzw. unbetonten (Senkungs-)Silbe bestehen: –∪, x́x.

verbum proprium 68: das Wort als die ursprüngliche (gegenüber der umschreibenden) Bezeichnung einer Sache.

verbum sordidum (mot vulgaire) 63: das ‚ordinäre‘ Wort, das bewußt in die Rede eingeführt wird, z.B. um ein soziales Wertempfinden zu schokkieren.

vetustas 30,83: die Verwendung archaischer Sprachformen, besonders zum Erreichen von dichterischer ‚Großartigkeit‘.

Vokalquantität 3: die Kürze oder (verschiedene) Länge eines Vokals, hier im Altgriechischen; vgl. quantitierendes System.

voluntas auctoris 4, 5, 6, 9, 10, 31, 45, 46, 48: der „Wirk-Wille" (Lausberg), die rednerische oder schriftstellerische Intention des Verfassers.

voluntas auctoris, objektive 32, 51: die vom Verfasser willentlich oder unwillentlich verwirklichte Tendenz, die der Zusammenhang der Rede oder des Textes ergibt.

voluntas auctoris, subjektive 32, 51: die Intention, die der Verfasser in seiner Rede oder seinem Text bewußt zu verwirklichen sucht.

wachsende Glieder 58, 77: syntaktische oder Kompositionselemente, von denen die folgenden jeweils länger sind als die vorhergehenden.

SAMMLUNG METZLER

J.B. METZLER

Printed in the United States
By Bookmasters